【文庫クセジュ】

ヘレニズム文明

地中海都市の歴史と文化

P・プティ/A・ラロンド著

北野 徹訳

Que sais-je?

白水社

目次

序文

ヘレニズム文明が独創的な文明であったことを否定することはできないだろう。ペルガモン（現トルコのペルガマ。アッタロス朝の首都）とアテナイのアクロポリス、ポリュビオス[1]とトゥキュディデス[2]の歴史、ストア哲学とプラトン哲学、アンティオコス四世エピファネスのバロック（この言葉のあらゆる意味で）とペリクレスの古典主義をくらべてみればわかる。

（1）前二世紀のギリシア人の歴史家。人質としてローマに連行され、ローマが地中海の覇者となる過程を『歴史』に著わした。
（2）前五世紀のアテナイの歴史家。ペロポネソス戦争を扱った『歴史』を著わした。科学的歴史記述の祖といわれる。

ヘレニズム文明に、ギリシアの真髄が含まれていることは明らかである。だが、それには多くの新しい異質な要素を介在させねばならないこともすぐ理解できる。時間的には、アレクサンドロス大王の逝去からローマによる征服が完了するまでの三世紀間（前三二三〜三〇年）にすぎないが、地理的には、イランからカルタゴ、エジプトからイタリアへとかなり拡大する。地域差が大きく、発展が不均等に加速されたため、その跛行状態は深刻化した。われわれが対象とするのは、ギリシア古典主義と

「ローマの平和《パクス・ローマーナ》」のあいだにある、長い特異な期間である。歴史家は、この時代を過渡期、したがって他の時代より劣り、比較的特徴がない時代と考えていたが、こんにちでは逆に、この時代が古代ギリシアの遺産を受け継ぎ、改良し、それを地中海世界の枠外へも伝播させたことに注目している。

ヘレニズム文明のすべて、あるいはそのほとんどすべてがアレクサンドロスの業績に端を発する。そのことに同時代の人たちも気づいていた。大王の偉業をふたたび繰りかえそうとする者はいなかった。しかし、誰もがアレクサンドロスのあと世界が小さくなったことを知り、ハンニバル、ミトリダテス、カエサルのような活動的で偉大な人物は、「人の住む世界《オイクメネ》」[1]を縦横に駆け巡る。アレクサンドロスは古代世界をギリシア化した張本人であり、いまだに「ヘレニズム時代」におけるあらゆる出来事の公分母的存在なのである。すなわち、ギリシア人をオリエント世界へ組み入れ、オリエント世界から生まれた文明を西方へ伝播させたこと、これがマケドニア人アレクサンドロスの業績の直接的成果であった。

(1) ギリシアとオリエントは、従来から相互に接触・交流していたが、政治的・経済的・文化的に別個の世界を構成していた。その二つが一つに統合された世界を、とくにこのように呼ぶ。

要するに、アレクサンドロスは、州総督《サトラペス》または軍事司令官《ストラテゴス》によって治められる広大な領域国家をつくりあげた。この領域国家は君主政の一形態であり、ギリシアの僭主政、マケドニアの王政、アケメネス朝ペルシアやファラオ時代のエジプトの古い制度に由来している。君主礼拝の前兆は、紀元前五世紀末頃、ギリシア人の行動（紀元前四〇四年にアテナイに勝利したスパルタの将軍リュサンドロスの企て）に現われたが、君主礼拝そのものは、紀元前三三一年にスィーワ〔在・リビア砂漠〕のオアシスで生まれた。この地でアレクサンドロスはゼウス＝アンモン神の神託を伺い、紀元前三二四年の有名なスサの布告のあと、ギリシア都市は仕方なく彼を神と認めた。これがあと戻りすることがない変化の起点であった。

第一章　人の住む世界《オイクメネ》——政治・経済・社会

アレクサンドロスの帝国は地中海世界をはるかに超えて拡大した。小アジア、メソポタミア、イランがその版図に入っていたからである。しかし、アレクサンドロスは、その意欲はあったが、アフリカ北岸を「ヒュファシス川〔インドの現サトレジ川〕の祭壇」と対をなす「ヘラクレスの柱」〔ジブラルタル海峡両岸の岩山〕まで駆け巡って、みずからの王国を世界的なものにする時間的余裕をもっていなかった。しかし、彼のあと、地中海の西部はアレクサンドロスに端を発する文明に平和裡に組み込まれる。逆に、オリエントの辺境地域——インダス川、中央高原の州《サトラペイア》〔ギリシア＝バクトリアの王たちが統治〕、イラン北部から黒海にかけての北部周辺地域——はすぐ失われる。この地域にもギリシアの影響は認められるが、あまり考慮しないことにしよう。紀元前二世紀になるとすぐパルティアに支配されたイラン、そしてメソポタミアのほとんどの地域も、あまり考慮しないことにしよう。

したがって、この研究は、アレクサンドロス帝国のすべての地域ではなく、地中海、それも地中海全域に焦点を当てることにしよう。ヘレニズムは、この地域において、その潜在力をいかんなく発揮したからである。

新しい世界の政治秩序の主な特徴が形成されるには、半世紀にわたる熾烈な闘争が必要であった。紀元前三二一年、シリアのトリパラディソスでの分割によって、それ以降長くつづく三大国家、マケドニア=ギリシア、アジア、エジプトが出現する。紀元前三〇六年から三〇四年までに、ライバル国家の元首たちはそれぞれ王を僭称し、こうすることによって世界帝国という虚構を清算したのである。紀元前二八〇年から二七五年のあいだに、最終的に三つの大王国、すなわちプトレマイオス朝のエジプト、セレウコス朝のアジア、アンティゴノス朝のギリシアとマケドニアができあがった。(1)

(1) 前三〇一年イプソスの戦いでアンティゴノス一世が戦死すると、帝国の分裂は決定的となり、エジプトはプトレマイオス、シリア以東はセレウコス、トラキアと小アジアの北西部はリュシマコス、マケドニアとギリシアはカッサンドロスが領有することになった。前二八一年、リュシマコスが戦死して、彼の王国は崩壊する。前二七七年、アンティゴノス二世ゴナタスがガラティア人侵攻の撃退に功をあげたことによって、マケドニアのアンティゴノス朝が成立し、ここに三大王国ができあがった。

ここでヘレニズム時代初期のギリシア本土の状況を概説しておく。マケドニアは南方のギリシアの覇者となり、前三三七年スパルタを除く諸々の都市国家とヘラス同盟を結んで、各都市国家の自立は保証するものの、外交・軍事の実権を掌握した。アテナイ、コリントスなどはほぼ独立している都市国家もあったが、あまり特徴のない都市は連邦(アイトリア連邦、アカイア連邦)内の国家となった。そのなかにあって、スパルタは一貫して独立を主張していた。

I　君主政と都市

自由な都市の時代のあとに王政の時代がつづく。比較的小さな国、たとえば小アジアの王国(ポントス、ビテュニア、カッパドキア）、ピュッロス王（前二九五〜二七二年）[1]のエペイロス、マガス王のキュレナイカ（前三〇〇〜二五〇年）、ヒエロン二世（前二七五〜二一五年）のシュラクサイ公国、独立した共和国であったロドス、ローマ、カルタゴ、つまり第一線級の役割を演じていた国はすべて、領土・人口・物資の面では、前時代の輝かしい「都市国家《ポリス》」（スパルタ、テーバイ、アテナイ）より勝っていた。しかし、問題が大きいため、主な国家では、新しい形の政府、すなわち商人貴族政、とくに個人的君主政《モナルシー・ペルソネル》の形をとらざるをえなかった。

（1）ローマがタレントゥム（現ターラント）に攻勢をかけたので、タレントゥムはピュッロス王に援軍を要請。ピュッロスはイタリアに遠征したが、敗退した（前二八〇〜二七五年）。

アレクサンドロスの帝国を継承した領域国家は、均質的で統一された国家という状態にはほど遠かった。マケドニアはギリシアの諸都市と衝突し、ペルガモンはアナトリア地方の都市や部族と衝突する。エジプトは北方へ手を広げてエーゲ海や小アジアにも勢力を伸ばし、セレウコス朝は多くの「王や土豪《デュナスタイ》[1]、都市や部族」を支配した。民族・言語・宗教はきわめて多様である。軍事力に依拠して生まれた、異邦人が支配する王政はみな――マケドニアの場合を除き――基本的な問題を解決したが、そもそも解決は不完全であった。ほとんど国家という概念にまで高めることはできなかったからである。どこでも、王の公務（バシリカ・プラグマタ）は、ローマの公務（レス・プブリカ）のように確立されたものではなかった。

（1）小アジアやイランに多くいた大土地所有者で、王の宗主権に服し、王に対し軍隊や貢納する義務を負っているが、事実上、独立した存在であった。

個人的君主政《モナルシー・ペルソネル》は、後継者《ディアドコイ》たちの過激な行動、つまり「槍の権利[1]」の結果であり、おそらくイソクラテス〔アテナイの弁論家〕やプラトン哲学者好みの僭主たち——シュラクサイのディオニュシオス一世〔前四〇五～三六七年〕、キプロスのエウアゴラス〔前四一〇～三七四／三年〕、ハリカルナッソスのマウソロス〔前三七七／六～三五三年〕、ずっとのちのシチリアのアガトクレス〔前三一七～二八九年〕——が紀元前四世紀に名声を博したことの結果であった。国民的な王政であったマケドニアでも、アンティゴノス二世ゴナタス〔前二七六～二三九年〕とフィリッポス五世〔前二二一～一七九年〕の治世には、個人的君主政となる傾向があった。

（1）前三三四年、アレクサンドロスが初めて小アジアのトロイアに上陸したとき、船から槍を投げ、浜辺に突き立て、アジアを「槍で勝ち取った領土」として神から受け取ったと宣言した（ディオドロス一七、一七、二）。このため土地領有権はこのように呼ばれる。

王たちは「バシレウス」という簡単な称号を名乗り、王冠《ディアデマ》の役割を果たす白い細紐を頭につけ、僚友や廷臣に補佐される。権限は絶対的である。「王領地《バシリケ・ゲ》」を所有し、それを思うがまま払い下げる。族長制で家父長的な個人的君主政、これが万人に有効な統一の原則を導入する唯一の方法であった。政治は、極端と思われるほど曖昧な肩書きをもつ協力者〔「政務担当」、「国庫担当」、財務大臣〔ディオイケテス〕〕の手に集中されていた。これら協力者は、王の使用人、王家のメンバー、国家の僕《しもべ》であった。書記局《グランマテイア》があったのはエジプトとペルガモンだけで、王はみな直接かつ個人的に行動するものと考えられていた。法制度も同様の性質を有していた。都市の「法律《ノモス》」のような法律もなく、布告《ディアグランマ》または指令《プロスタグマ》という形の「書面による決定」があったにすぎない。これらの決定が一連のばらばらな法例、例外的なケースを構成することになり、徐々に判例や事例集ができあがる。このような慣行は、現実が無限に多様化するのを柔軟に防ぐものの、ローマ共和政を確固たるものにしたような強力な構造を築くことはできなかった。しかし、王たちの「文通」によってモラリストのイデオロギーが生まれ、それによって、のちに王《バシレウス》と専制的な僭主が根本的に対置されることになった。領土が広大であり、民族とその伝統が多岐にわたっていることから生ずる諸問題に対処するため、ヘレニズム時代の王たちは州総督《サトラペス》を置く形の地方行政を採用した。この肩書きそのものは直接アケメネス朝ペルシアを受けついだセレウコス諸国でしばらく残るが、一般的にいって、広大な管轄区域で王を代表していたのは軍事司令官《ストラテゴス》であった。マケドニアやペルガモンのようなきわめて中央集権化が進んだ国家では、軍事司令官が置かれることはきわめて稀であり、そもそもあまり知られていない。軍事司令官は、エジプトのように軍事の権限が弱められている場合もあったが、この肩書きが示すように、そもそも行政の執行に与《あずか》る役人であった。彼らは文民の協力者や下級役人に補佐されていた。これら補佐役の存在がよく知られているのはエジプトだけである。王が精力的で、有能であり、きわめて活動的な場合、このような行政は効率的であるが、その欠陥は明らかである。すなわち、強固な地方組織の欠如、行きすぎた独立と分権、権限の乱用、売官制度、被支配民を搾取する傾向が認められるのである。このような行きすぎは、のちにローマの属州総督《プロコンスル》の先例となった。属州総督は軍事司令官《ストラテゴス》を継承したものであり、属州という広大な領土に対して幅広い権限を有していた。

個人的君主政《モナルシー・ペルソネル》をさらに強固にし、絶大な権力をもつ行政または無能な行政に起因する不幸な結果を減らすため、哲学的思索――とくにストア哲学の思索――に基づく「良き政府」というイデオロギーが形成される。このイデオロギーは、エリートのあいだ、ときにはアンティゴノス二世ゴナタスのような君主たちにも影響力をもっていた。王は恩恵を施す人物、万人に対する善行者《エウエルゲテス》である。理想的な王に関する理論は、君主政の正当性を明確にすることによって、かつて君主政の存在を認めようとしなかったギリシア思想にも、君主政の存在を認めさせた。王は、ヘラクレスやゼウスの加護のもと、ストア哲学の原理を踏まえ、僭主のような態度をやめ、分析的にみずからの卓越性（ギリシア語の「アレテ」）を、中庸・博愛・敬神・正義という徳性に細分する。これらの徳性は、のちに何世紀ものあいだ、ローマ皇帝がもつべき主要な徳とされた。元首は「生ける法」であり、その配下にいる役人は、とくにエジプトにおいては、元首にならい、正義感をもって誠実に民衆の幸福のために統治せよ、と指示される。

君主礼拝もこれと同じ機能を果たし、権力を正当化するとともに、権力の正当化が必要な国家において統一を確かなものとする。オリエントの影響は、セレウコス朝、とくにエジプト化が進んでいたプトレマイオス朝（ベヴァン『ラゴス朝の歴史』二九六頁の「ロゼッタ・ストーン」（前一九六年）のテクストを参照）において顕著であるが、君主礼拝の根底にはギリシア思想があると思われる。紀元前五世紀末のリュサンドロスのような、勝利をもたらすゼウスに護られて勝利した指揮官が英雄視され、ついで、功業ではヘラクレスに、踏破した行程の長さではディオニュソスに勝るアレクサンドロスが礼拝されたことは、君主神格化のイニシアティブをとった都市があったことを示している。たとえば、紀元前三〇四年、ロドスは自国の救済者《ソテル》であるプトレマイオス一世〔デメトリオス・ポリオルケテスに攻められたロドスを防衛した）に対し礼拝を始めた。祭壇・聖所・彫像が奉献され、それらは諸々の大神が祀られた神殿に安置されることが多かった（王は大神と「聖所をともにする神」（シュンナオス）といわれる）。しかし、宗教の行列が各種各様であったことは、公式の決まりがなかったことの証でもある。同様に、宮廷人は、義務感からではなく、個人として、また私人として、彼らの主《あるじ》を礼拝していると強調する。全体として見ると、君主礼拝は、王朝の礼拝となっても、君主政のイデオロギーを宗教に引き写したものと考えられる。君主礼拝には宗教的な価値がないので、ローマ皇帝も政治的に有効なことを認め、これを採用した。

恩義からか、打算からか、ギリシアの都市は君主礼拝を受けいれた。ただし、最も都市化している地方（ギリシア、ペルガモン王国）では、君主礼拝がそれほど明確に行なわれた形跡はない。王と都市の関係が微妙なことが多かったからである。一方が絶対主義、他方が自治精神では、妥協はありえない。少なくとも原則として、そうであった。しかし、紀元前四世紀になると、都市は、かつての都市国家《ポリス》の公民がもっていた徳の、弱体化したイメージを与えることができただけである。その反対に、王たちはギリシア化政策を推進するため、誰の目からみても文明生活を実感できる唯一のギリシア的方法をそなえている共同体を理解しなければならなかった。

地方には充分支配が行き届かず、ある種の特権的地位が残されていたので、いくつかの都市は独立しているか、ほぼ独立していた。アテナイやコリントス（断続的に）、とくにロドスがこれに該当する。この、ロドスの地位は、島という地勢、交易上の役割、同盟関係の効力、寡頭政治による外交政策に基づいていた。あまり際立った特徴がない都市は合従連衡して、連邦（アカイア連邦、アイトリア連邦）(1)内の国家となり、連邦は、その軍事司令官《ストラテゴス》（例・シキュオンのアラトス（前二四五～二二四年））の命令のもと、加盟国家の自治を護りつつ、マケドニアに対し独立を保つ政策を採った。しかし、これらの連邦は文明の発展にはそれほど貢献しなかった。

（1）連邦に加盟した都市は独立した政治的単位のままであり、主導する都市はなかった。連邦自体も軍事司令官などの役人、評議会、総会をもち、軍事・外交など連邦全体にかかわる行政面で、決議と執行の権限を有していた。

そのほかの都市は君主とできるだけうまく折り合いをつけた。多かれ少なかれ虚構である形式上の自立によって、多少なりとも従属状態に置かれている場合、諦め——ときどき細かな駆け引きやへりくだった追従によって中断されることがあるが——が必要というのが都市の政治の要《かなめ》であった。これらの都市はそれぞれの制度を維持している。すなわち、政務官・評議会《ブレ》・民会が布告によって統治しているが、駐留部隊や君主の「監督官《エピスタテス》」を受けいれ、拠出すべき金額、提供すべき兵員数、特権の価値がある「報復免除《アシュリア》」(1)の権利について充分議論する。善行《エウエルゲシア》の負担がますます大きくなって費用がかかり（競技会会長（アゴノテシア）や体育館長（ギュムナシアルコス）は食糧供給・祭礼・競技の費用を自弁）、裕福な有力者しか負担できないことは、都市の精神が弱体化したことを証明している。新たに創建された都市、とくにセレウコス朝が創建した都市は、古い都市の伝統も記憶もないので、創建者たる王の保護を比較的うまく受けいれていた。しかし、どこでも都市の活動が政治にとって代わり、都市、とくに首都は、ヘレニズム文明の発展と普及に重要な役割を果たしたのである。

（1）古代ギリシア世界では、市民が他の都市の市民から損害を受けると、自力救済権を行使して、加害当事者の財産

（例・船、船荷）だけでなく、その当事者が属する都市の市民や在留外人の財産も奪取できるという慣習法があった。このような自力救済が横行すると、異なる都市間の市民の交流や商業活動に困難をきたすので、前五世紀以降、都市が他の都市の市民に報復免除を与えれば、当該市民の財産は、報復免除を与えた都市の市民や在留外人によって奪取されないことになった。この原語「アシュリア」は「聖域逃避」（四二頁）も意味するので、注意。

周知のように、ローマの征服によって、ヘレニズム王国は終焉を迎える。しかし、ローマの登場からアレクサンドレイアの陥落にいたる二世紀のあいだに、内部から衰退が進んでいたので、ローマだけに原因があったわけではない。ローマ人は、当初ヘレニズム王国をよく知らずに怖れ、征服に先立って、その文化の影響を強く受けながらも、結局、ヘレニズム王国を軽蔑するようになっていた。

これらヘレニズム諸国が部分的に破綻していたことについて、その正確な理由を簡潔に述べるのは容易なことではない。まず、国制の構造が脆弱であり、富が一人に集中していたので、君主には非凡さが求められたが、現実にはそのようなことは稀であり、紀元前二世紀や紀元前一世紀には非凡な君主などほとんどいなかった。

エジプトでは、プトレマイオス一世ソテルやプトレマイオス二世フィラデルフォスのあと、プトレマイオス十二世アウレテス（笛吹き王）が出た。アジアでは、アンティオコス三世大王[1]のあと、アンティオコス四世エピファネスの、ときには利発なこともある奇行〔七四頁参照〕を経験したが、それ以降、注目すべき君主はいない。ペルガモンには最後まで国家のために尽力した君主がいたとしても、マケドニアでは、アンティゴノス二世ゴナタスのあと、威嚇してきたローマに最初に対抗しなければならなかったのは、有能ではあるが、あまりにも権威主義的で粗暴なフィリッポス五世か、不運なペルセウスだけであった。確かに、この冷酷な敵ローマに対して多くをなす術をもたなかった王たちを批判することは簡単であるが、あまり慎みのあることではないし、弱体化には別の理由もあった。

（1）この王は、前二二二～二〇五年、西は小アジアから東はバクトリアまで遠征、アルメニアを征服し、パルティアやバクトリアを藩国王とした。そのため、アレクサンドロスと同じく「大王」の称号が与えられた。

ペルガモンやエジプトのような、組織がよく整った国家では、腐敗した役人、あまりにも意欲的な役人がもっぱら現地住民からなる大衆を搾取していた。当時、役人はなかばギリシア化していたので、大衆の苦しみ（ペルガモンにおける社会転覆の脅威、エジプトにおける民族主義的反乱）に敏感であった。それ以外の国では、統治や行政に関する技術は達成すべき仕事に見合うレベルに達していなかった。すなわち、地方行政は遅れているし、中央の役所は存在せず、高度な職務を担うべき担当者は力不足であり、王の僚友や親族の行動は、王朝内（とくにセレウコス朝内）の抗争によってつねに不安定であり、猫の目のように変わる王の恩顧しだいであった。

　時代を経るにつれ、国家を崩壊させる要因は増えていった。ギリシア人のエリートは減少するか、堕落するか、腐敗した。傭兵からなる軍隊はますます統一性を欠き、そのうえ高くついた。軍人に対する入植地（クレルキアイ、カトイキアイ）の設置によって、忠誠心が高まるどころか、軍事力が弱体化した。非力な都市には自治の精神が生き残っていて、ギリシア諸都市は「解放者」フラミニウスと簡単に妥協する。[1] セレウコス朝によって創建されたシリアの都市は同王朝に対して批判的な同盟を結ぶことさえある。地方の土豪《デュナスタイ》は長続きせぬ同盟を結び、神殿国家[2]はゆっくりと統合されてゆくだけである。それにくわえ、アンティオコス四世エピファネスに対してユダヤ人が反乱（マッカベア戦争）〔七六頁参照〕を起こした。最後に述べておくが、君主個人に対する礼拝は王国に対する礼拝ではない。王国を強固なものにするのは勝利や成功だけであり、それもごく短い期間持続するだけである。

（1）ローマの将軍フラミニウスは、前一九七年、アイトリア同盟の協力を得てキュノスケファライでマケドニア軍に大勝、フィリッポス五世の勢力をギリシアと小アジアから駆逐し、翌年、コリントスで開かれたイストミア祭でギリシア人の自由を宣言、ローマ軍の撤退を約した。そのため、ギリシア人は彼を解放者として熱狂的に歓迎することになった。

（2）小アジアやシリアに多く、神官が率い、大土地を所有し多くの神殿奴隷を有していた。豪族と同じように、君主の宗主権に服し、君主に対し軍隊や貢納する義務を負っていたが、事実上、独立した存在であった。

良き未来を約束する王政のイデオロギーが形成され、才気あふれ個性豊かな人物が名を馳せたにもかかわらず、ヘレニズム国家は、政治の領域では、成功より失敗のほうが多かった。

II　経済活動

不完全ではあるが、物心両面で統一されたことによって、経済の拡大に好ましい影響がもたらされ、かつ、科学的知見の進歩によって交易が発展した。したがって、紀元前四世紀のテオポンポスの地理学と、アウグストゥス時代のストラボンの地理学とは大きく異なっている。領土が拡大するとともに、交易の対象となる資源や製品の種類も増加した。ギリシア人の進取の気性を特徴とする、一部分共通した点がある文明が生まれたことは、諸国間の交流が進んだ原因であると同時に、その結果でもあった。

しかしながら、好ましくない要素がなかったわけではない。王国の力が増大しつつも、自由な都市が生き残ったので、ときには相対立する経済的野心（プトレマイオス朝の重商主義的帝国主義）から、数々の武力衝突が発生した。このような争いがあったため、海賊は制圧されず、紀元前一世紀には大規模化する（クレタ、キュレナイカ、キリキア地方、パンフィリア地方）。紀元前二世紀、セレウコス朝はメソポタミアを失ったので、交易は大打撃を受け、パルティアと交易の利益を分かちあわねばならなかった。黒海の交易を独占したのは、ポントス王国とボスフォラス王国である。アラブ人を紅海とインド間の仲介貿易から排除することもできなかった。モンスーンが発見されたのはずっとのちのことであり、西方がモンスーンを定常的に利用するのはローマ時代になってからである。ナバテア王国は、セレウコス朝やアレクサンドレイアの住民を犠牲にして豊かになり、ボストラやペトラが興隆する。

政治的要因から、諸大国の発展には相対的に時間的ズレが生じる。エジプトは紀元前三世紀、マケドニアとアンティオコス三世大王の王国は紀元前二二〇〜一九〇年に発展を遂げ、ついでペルガモンとロドス、最後にデロスと西方が続く。諸々の技術の発展には不均衡が生じる。信用、銀行、統制経済、貨幣流通は進歩する。しかし、新種の作物、王室の工房、ナイル川の舟運、ロドスの海商法といったいくつかの点を除くと、農業、手工業、海運、陸運・舟運は停滞した。

最後に指摘しておきたいことは、ヘレニズム世界の各地域を同じように扱うことはできないことである。ペルガモンやエジプトといった発展を遂げた王国には後進地域が対置される。この動きから取り残されたのが、ペロポネソス半島、トラキア地方の内陸部、王の大領有地と王領地農民《ラオイ》の共同体が存在する小アジア中央部、それにメソポタミア川上流地域である。一般的にいうと、発展した地域は、エジプト以外では、良港に恵まれた地域（ギリシアの沿岸部と島嶼（とうしょ）部、小アジアの西海岸、北部シリア）だけである。ペルガモンは内陸部に位置していたが、エライアとエフェソスという二つの港とアイギナ島を領有していた。ドゥラ・エウロポス、ティグリスのセレウケイア〔現バグダッドの近郊〕、エウライオスのセレウケイア（現スサ）が発展したのは、北部シリアとペルシア湾を結ぶ交易路（セレウコス朝の幹線道）があったからである。マケドニアやエペイロスも、それぞれアンティゴノス二世ゴナタスやピュッロスという王が出て努力するが、シリアやメソポタミアのセレウコス朝の努力とは比較にならなかった。そして、ペルガモンの王アッタロス二世〔前二四一〜一九七年〕やエウメネス二世〔前一九七〜一五九／八年〕の努力とは、なおさら比ぶべくもないのである。ペルガモンの王たちは、西方のシュラクサイのヒエロン二世と同じく、エジプトのプトレマイオス朝の偉大な王たち（プトレマイオス二世フィラデルフォス、プトレマイオス三世エウエルゲテス、ずっとのちのプトレマイオス八世エウエルゲテス）の模範的な業績（効率化を図るために妥協する政策）からヒントを得ていた。

農民の実入りが少ないように、農村生活に関する研究から歴史家が得られるところは少ない。この分野は単調であり、絶望的になるほど変化がないからである。ギリシアでは、地理や気候の諸要因から大きな変化は期待できないし、政治・軍事上の紛争が起こることによって進歩が妨げられた。ギリシア人が目《ま》の当たりにしたのは、オリエントでは数世紀来、農民がほとんど変わらない形で奴隷状態に置かれていることであった。ギリシア人が来住してもこの状況になんら変化はなく、たんに「契約当事者」の数が増え、労働や生産性の面で要求が厳しくなっただけである。

土地を所有する自営農民がいたのは、ほぼ、ギリシア本土のアッティカ、ボイオティア、アルカディア、マケドニアの諸地方だけである。それ以外の地ではどこでも、小作人の労働から得られる収益を受けとるのは主《あるじ》である。都市は土地を所有しており、創建者が新設した都市でも同じであるが、それらの土地を耕作させているのは、裕福な市民《ブルジョワ》である。国民的な王政であったマケドニアでは、大家族が土地の大半を所有していた。小アジアの多くの地域、とくにその内陸部でも同じであった。内陸部のフュリギア地方（例・ペッシヌス）やカッパドキア地方（例・コマナ）では、土地を所有していたのは、地方の土豪や神殿国家であった。

一般的に言って、王は、「槍の権利」によって最良の土地をもち、この権利によって、ファラオやアケメネス王朝の継承者であるかのように、王国では飛びぬけた大地主であった。しかし、土地はいくつかの方法で開発される。君主が直接開発するか、土地の払い下げを受けた介在者が開発するかである。

いわゆる「王領地《バシリケ・ゲ》」は、「王領地農民《ラオイ》」に賃貸され、物納の小作料（エジプトでは、エクフォリオンという）は収穫量の半分に達することさえあった。この賃貸は「長老」が代表する農村共同体と精緻な契約を締結することによって行なわれる。この制度は、とくに制度が比較的厳格であったエジプトにおいて、王の収入の安定を保証し、治安を確保して、騒擾を少なくした。しかし、この制度は旧套墨守を助長し、取引の一定割合に物々交換を導入する。物納された地代は「王の倉庫」に山積みされ、これが各種支払いのため再分配された。

王領地は「払い下げられる」（エジプトでは「エン・アフェセイ」という）ことが多い。都市には無償で払い下げられるが、セレウコス王朝が創建した都市の場合を除くと、払い下げ自体珍しく、取り消し可能であった。しかし、エジプト（とくに衰退期のエジプト）やセレウコス朝では、神殿にも払い下げられた。この場合、国家が徴収する地代はかなり低額である。農民は神官も養っていたからである。土地は、とくに王に仕える者——兵卒や士官の入植者（クレルコイ、カトイコイ）および各種の役人——に対して、俸給や褒賞の支給のため払い下げられ、ときには、エジプトやシリアで見られたように、体制への参加や土地開発の助成を目的として、高官に対して広大な土地が払い下げられることもあった。エジプトの贈与地《ゲ・エン・ドレア》は、高額の役得であると同時に、モデル農場でもある。

しかしながら、私有地も存在した。とくに王が多くの土地を売却したセレウコス朝において、そうである。これは王を弱体化する。エジプトの私有地は、凡庸な土地または褒賞として与えられた土地（例・ファイユーム地方）の長期賃貸借に基づく耕作や、小麦や油科植物の栽培に適さない非灌漑地における菜園、果樹園の経営と関係していた。

技術の進歩は稀であり、耕作を改良したのは、みずから耕作するギリシア人（退役軍人、高官、大農場主）だけである。農学書は多数あったと思われるが、ギリシア語の資料を引用した、カトー、ワッロ、コルメロの著作を通してわずかのことが知られているにすぎない。ペルガモンのアッタロス三世は園芸に関心をもっていた。農業技術が最も進歩したのは、小アジアにおいてである。おそらく、奴隷か季節労働者によって耕作されている土地のほうが、王領地農民《ラオイ》に任せた王領地よりも収穫がよかったからだろう。王領地農民は教養がなく、旧来の悪習にこだわっているし、さらに、国家や王の役人を富ませることになる進歩にほとんど関心をもっていなかったからである。

主な耕作物はつねに同じであるが、小低木の栽培は確かに普及した。ギリシア人移住者が自分たちのために栽培したからであり、とくにエジプトにおいてそうであった。紀元前三世紀中葉のゼノン(1)のパピルス文書（Cl・オリュ『カウノスのゼノン』参照）が伝える情報は、財務大臣《ディオイケテス》アポッロニオスの「贈与地《ゲ・エン・ドレア》」に関する情報だけであって、これに述べられている進歩をあまり一般化するのは軽率であろう。基礎作物はどこでも小麦と大麦であり、小麦はエジプト・シリア・キュレナイカ・小アジアから輸出されることもあった。ブドウやオリーブは典型的なギリシアの作物であり、アレクサンドレイアの商人の消費と商売のため、とくにエジプト、それもデルタ地帯に導入された。政府・専門家・ギリシア人資本家からの圧力があったため、ほぼどこでも増産が研究されていたと思われるが、顕著な進歩は見られなかった。エジプトの農民は、ギリシア人が使っていた金属刃つきの犂《すき》を採用していなかった。

（1）カリア地方カウノス生まれの、財務大臣アポッロニオス（後出）の私設秘書。エジプトのフィラデルフィアからは、彼と関係がある約二〇〇〇通のパピルス文書（前二六七～二二九年のもの）が出土している。

比較的よくわかっているのは、手工業の分野である。いつもの資料（パピルス文書、碑文、テクスト）に加えて、考古学資料（陶器、ガラス製品、金属製品、家庭用品）が遺っているからである。技術や工房のことはあまりよくわかっていない。鉱山も同じである。上エジプトのベレニケ・パンクリュソスの金鉱山は、シチリアのディオドロスの記述によって知られていたが、近年ようやく発見された。

　一般的にいって、手工業生産は増加傾向にあった。君主の財政上必要であったので、国家の保護のもと優れた組織がつくられていたからであり、とくに富裕なブルジョワ（民政や軍関係の役人、商人、王室の農業経営者、銀行家、高級役人）が形成されていて、彼らの生活水準の向上に必要であったからだ。貨幣経済は商業の便を向上させつつ、生産を刺激する。逆に、品質の低下を招く。しかし、「大量生産」や「工業生産」という表現を使うことはできないだろう。つねに家内工業であり、ペルガモンやアレクサンドレイアにある王の工房（織物、パピルス、羊皮紙）とロドスのアンフォラ〔二つの取っ手をそなえた尖底の大型土器〕の工房だけが工場の名に値したと思われる。製品には超豪華なものは少ないが、品質はつねに良く、とくに金属食器（青銅、銀）、特種な陶器、ワイン差し《ラギュノス》、光沢ある赤の釉を塗った浮き彫りがついた器（いわゆるメガラ陶器）、ガラス製品、金銀細工品、金銀製の室内装飾品の品質は優れていた。当然のことながら、つましい大衆が使う日用品（衣料・家具・容器など）にはほとんど変化がなく、古典時代同様、数も限られていた。それらの製品は、地方（村落、部落）に住む職人によって供給され、際立った商売の対象とはなっていなかった。

　農業、そして工業も、技術的・社会的条件の変化がないことに制約されて、ほとんど吃驚するような新製品を出すことはなかった。しかし、交易は同じではなかった（二八～二九頁、図1参照）。新しい状況に恵まれたからである。前述したように、アレクサンドロス大王以来、世界が狭くなったと思われる。イタリアの登場、カルタゴの復活にともなって、地中海の隅々まで交流が密になり、地中海世界以外では、メソポタミアやイラン方面へ、紅海を通ってアラビアやインド方面へと発展する。ギリシア商人は、小アジア・シリア・エジプトを支配し、危険を承知のうえでシリア砂漠やメソポタミアへ出かけ、けっして、イランや絹の隊商が通る中央アジアを蔑ろにすることはない。アレクサンドレイアやフェニキアでカルタゴの商人と接触し、のちにいたるところで、強力な政府を鼻にかけた貪欲なローマの商人《ネゴティアトル》が不可欠な存在となる。よく使われていた商用語はギリシア語（コイネー）[1]とアラム語である。ギリシアの技術や方式によって取引が統一される。ブルジョワや支配階級の需要が増え、君主たちが奢侈に耽るため、ますます販売先が増加する。しかし、オリエント貿易や極東貿易の役割が最も重要となり、貿易収支の均衡が損なわれる傾向が生ずる。奢侈品の輸入が輸出を上回り、超豪華な商品（絹製品、香辛料、香料）の支払には強い通貨が充当される。

（1）ヘレニズム時代に成立した共通ギリシア語。コイネーの原義は、「共通の」。この場合、「共通のもの（言語）」を意味する。

しかしながら、王たちの野心が対立していたので、経済の統合や交易の発展は損なわれた。どの王も重商主義的手法で競争相手に対して輸入より多く輸出して蓄財しようとし、とくにエジプトがそうであるが、できるかぎり自給を志向したからである。このような政策がもたらしたのは、自由を阻害する統制経済、すなわち、プトレマイオス朝の国家独占、産業保護より財政目的のための関税の採用、貨幣流通の制限であった。さらに、資本退蔵の嗜好、物納の偏重、享楽や威信のための巨額の支出（祭礼、奢侈、建造物造営）を招く。古代では、新しく生まれた富を生産に再投資することはなかっ

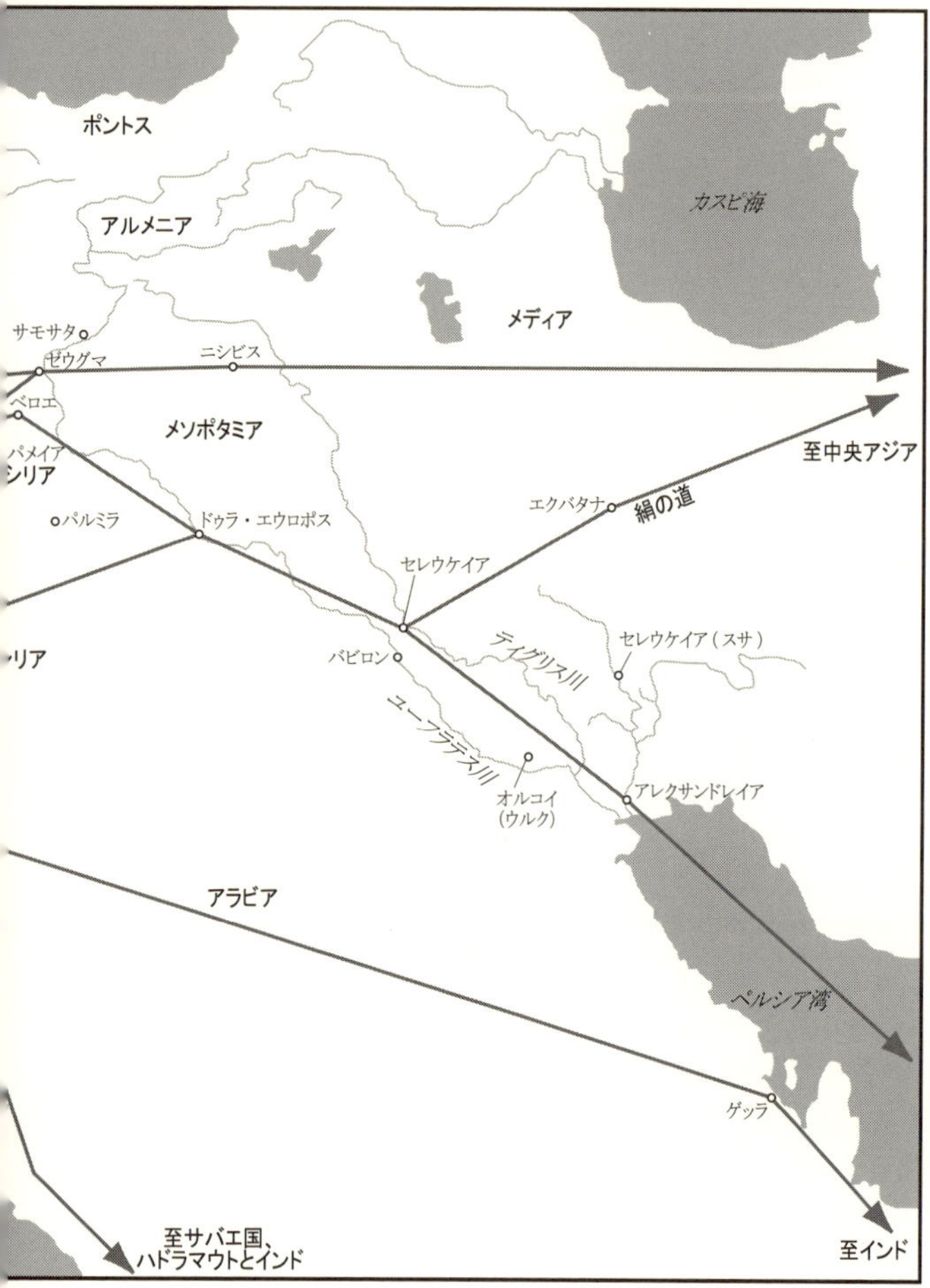

ポントス
アルメニア
カスピ海
メディア
サモサタ
ゼウグマ
ニシビス
ベロエ
メソポタミア
至中央アジア
パメイア
シリア
エクバタナ
絹の道
パルミラ
ドゥラ・エウロポス
セレウケイア
セレウケイア（スサ）
バビロン
ティグリス川
ユーフラテス川
オルコイ
(ウルク)
アレクサンドレイア
アラビア
ペルシア湾
ゲッラ
至サバエ国、
ハドラマウトとインド
至インド

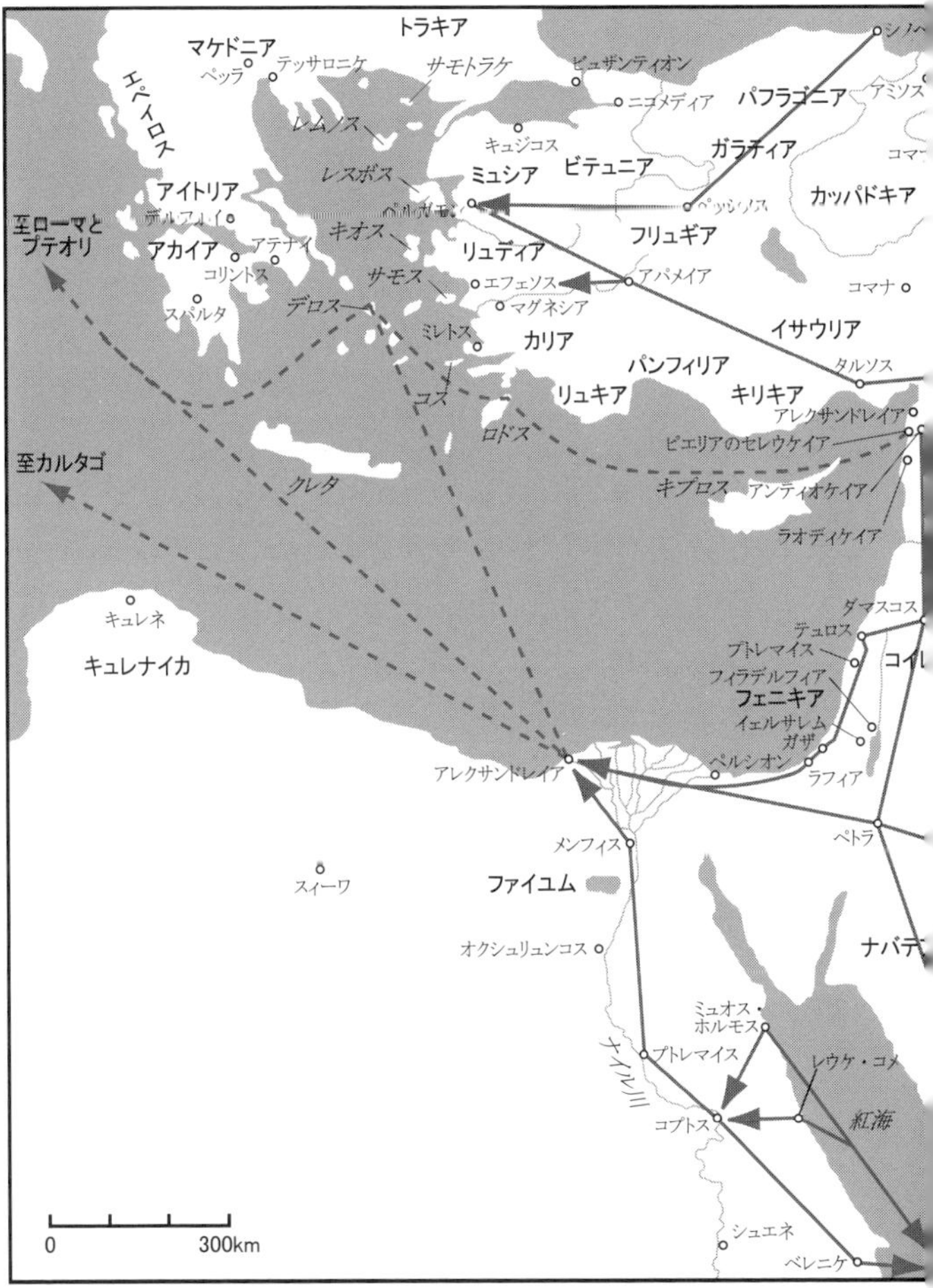

図1　ヘレニズム世界と大交易ルート

た。蓄積された資本は富を生まずに失われる。当時、資本を増殖する唯一の方法は高利貸し（徴税請負人とイタリア商人）であり、これが経済の発展を阻害した。

資料の性質から、統計を作成することも、経済発展の曲線を描くこともできない。激しい変調を想定させる外部の出来事にはこと欠かない。内乱、国家間の戦争（シリア戦争[1]）、社会紛争（於・ギリシアの都市、ペルガモン、エジプト）、紀元前一三五〜一三〇年頃の奴隷の反乱、海賊の跋扈、ローマによる破壊（前一四六年のマケドニア王国の消滅、コリントスとカルタゴの破壊）、デロスにおける自由港開設にともなう商品流通の混乱、アシア属州での徴税請負人への徴税委託（前一二三年）、そして紀元前一世紀になると、ミトリダテス戦争（前八八年のイタリア人虐殺）、スッラによるアテナイ略奪（前八六年）、ついでカエサルの対ポンペイウス戦、オクタウィアヌスのアントニウスに対する戦争が起こる。

（1）セレウコス朝とプトレマイオス朝間の、主として南シリアとパレスティナの領有を巡る戦争で、前二七四年より前一六八年まで六回を数える。

諸国家の通貨政策や硬貨流通の増大は重要な問題である。貨幣経済に抵抗していた地域でも貨幣を使わざるをえなくなる。インドやバクトリアの王たちのオリエント、パルティア人、ナバテアのアラブ人、トラキアやバルカン半島の異民族《バルバロイ》、ドナウ川や西ヨーロッパのケルト人、ガリア人もそうであったし、もっと発展を遂げていた国では、まずエジプト、そしてパレスティナとアルメニアでも同様であった。西方では、シチリアやイタリア南部のギリシア都市の影響を受けて、カルタゴやローマでも貨幣が鋳造されたが、通貨の使用が一般化するのは、ヘレニズム時代になってからである。

当初、アケメネス朝の財宝が流通に出されたので、大量の貨幣の鋳造が可能となった。金鉱、とくに銀鉱や銅鉱の開発によって、貨幣の鋳造が定常的に行なわれる。鉱山の所在地は、プトレマイオス朝では、ヌビア砂漠（ベレニケ・パンクリュソス）とキプロス、セレウコス朝では、コーカサス、アルメニア、小アジア（黒海沿岸、タウロス山脈、キリキア地方）、マケドニアでは、トラキア地方とカルキディケ半島である。しかし、貨幣に使われる金属がいくら採掘されても、需要の増加に追いつかない。それに拍車をかけたのが、いくつかの鉱山を失ったこと（とくにセレウコス朝）、貴金属の退蔵が流行したこと、ローマ人が莫大な量の貨幣をイタリアへ移動させたこと（戦利品、略奪、賠償金、暴利）である。紀元前一世紀になると、ついに銀が希少となり、オリエントで高価になる一方であったのに、ほとんどの貨幣が西方で蓄積される。最後に述べておくと、アジアや極東との交易そのものが、貨幣不足の原因であった。ローマ帝国もこの貨幣不足に苦しんだのである。

王たちはアレクサンドロスが目論んでいた通貨の統一を破壊した。しかし、二つの基軸通貨だけでヘレニズム世界を二分することになった。一つはアッティカの貨幣であり、アンティゴノス朝・アッタロス朝・セレウコス朝その他多くのギリシアの都市で採用され、当初、ローマはこの通貨に合わせた。もう一つは、キュレナイカとフェニキアの貨幣であり、プトレマイオス一世ソテルやロドスによって採用され、カルタゴ、シュラクサイ、マッシリア（現マルセーユ）でも使われた。流通していたのは銀貨[1]であり、単位はドラクマとその倍数である。原則として、貨幣を鋳造したのは、君主か自由都市である。とくにセレウコス朝のように、地方での鋳造（とりわけ銅貨の鋳造）を認める君主もいた。ほとんどの君主は外国貨幣の流通を容認した。プトレマイオス朝はその唯一の例外で、貨幣と交易の帝国主義を確立しようとして、外国貨幣の流通を認めなかった。銀貨は一般に良質であり、帝政時代においても、インフレーション時には多くの契約がプトレマイオス朝の銀貨建てで締結された。しかし、プトレマイオス朝の領域では、すでに紀元前三世紀末から銅貨が優勢となっており、インフレーションを招く傾向があった。(2)

(1) エジプトでは、もともとアッティカの通貨が使用されていた。プトレマイオス一世の時代、金の価値が銀に比べて低下したため、銀貨の量目が減らされ、フェニキアの通貨の量目とほぼ同一になった(閉鎖的貨幣制度にするため、銀貨の量目を下げたとする説もある)。プトレマイオス朝の支配領域では、エジプト以外では、この通貨が使われ、エジプトでは、銅貨が使われた。金貨は対外貿易の決済にのみ使われた。

(2) 当初六〇対一であった銅と銀の交換比率が、前一七四年頃、四八〇対一となった。

取引の増大(遠隔地との取引もある)や両替の必要性から、まず専門的な銀行技術が重要となる。退蔵された資本を保管し、預金に利子をつけ、あらゆる商取引を仲介しなければならない。紀元前四世紀のアテナイでよく知られていたのは私営の銀行であるが、いまやこれに加わったのが、都市の銀行であり、とくに紀元前二〇〇年以降は、神殿の銀行(投資銀行や預金銀行)や国営の銀行が加わった。国営の銀行で最もよく組織されていた銀行はエジプトの銀行であった。

都市の銀行については、コス島やミレトス以外では、あまりよくわかっていない。私営の銀行にはアテナイ人の移住者が経営するものが多かった。ロドスには銀行が多数あり、紀元前二世紀にはデロスで発達した。このアポロンの島には神殿の経営する銀行がいくつかあって、私営の銀行と提携して仕事をしていた。銀行が最も多かったのは小アジアであり、エフェソスやサルデスの神殿では、ずっと以前から神殿が個人の資金を預かっていた。エジプトでは、厳格な管理下に置かれた個人が請負った国営の銀行が複雑な役割を担っていた。個人の資金を管理していただけではない。税金を現金で徴収し、個人（徴税請負人、各種競売人）が行政と締結した契約の厳格な履行を国家に対して保証し、公的支払いを行ない、互いに財産を担保に提供した複数の保証人がいるのに、王の収入に利子をつけた。簡単にいうと、徴税・預金・供託・貸付・振替決済（現金の移動をせずに帳簿操作のみで行なう決済）の機関であった。

ヘレニズム時代には、商品流通の大きな流れができあがり、それはローマ帝国でも生き残る。オリエント（すなわちアラビア、インド、中央アジア）やアフリカ（ヌビア、ソマリア）との貿易は、あまり嵩張らない、軽くて高価な材料でつくられた超豪華品（絹製品、宝石、香料、香辛料）の取引であった。ギリシア人はこれらの豪華品に対して多額の金員を硬貨で支払った。交換に使える品物がまったくなかったからである。主な交通ルートには陸上ルート（シリア人、ナバテア人、ベドウィン族の隊商）と海上ルート（紅海、ペルシア湾、インド洋）があり、シリアまたはアレクサンドレイアへ通じていた（後述）。高価な食料品や織物はすべて、アレクサンドレイア、アンティオケイア、そしてとくにロドス――のちにデロス――で取引された。デロスは、エーゲ海諸国、そしてしだいに西方諸国やローマに対する物流の拠点となった。

地中海でヘレニズム諸国家間の交易の対象となっていたのは、とくに小麦・ワイン・オリーブ油・原材料（木材、金属、織物、石油タール）・手工業製品（陶器、金属の道具や容器、高価な布、パピルス、羊皮紙）であり、それに奴隷が加わる。普及品の交易は、地方で生産地が増えたため、比較的少なかった。多くの港（キュレナイカのアポッロニア、ピエリアのセレウケイア、ミレトス、テッサロニケ、ビュザンティオン、キュジコス、シノペ）は、施設が改良され、活気に溢れていた。第一級の国際的役割を担っていた港は、アレクサンドレイア、エフェソス、ロドス、デロスである（後述）。専門業者が取引の重要な部分を握り、同業組合をつくっていることが多かった。エジプトだけが、すべての活動分野と同じように、主として税金で運営される組織をもっていた。

III　プトレマイオス朝エジプトにおける国家の役割

プトレマイオス朝の君主政は外国人によってつくられた上部構造であり、もともとギリシア=マケドニアの軍隊、ついでほぼあらゆる地域から来住したギリシア人移民の貪欲な活動に支えられていた。いかなる時代でも開発を推進するには強力な中央集権化が必要であるが、この国は何世紀もつづいたファラオ時代の専制政治で築かれた中央集権化に慣れていた。君主たちはすべてのヘレニズム諸国に共通する「権力への意志」[1]に駆り立てられ、またなによりも奢侈趣味が強かったので、「豊かな小作農」を徹底的に搾取しようとした。

（1）ニーチェが、すべての生あるもの、ひいては存在一般、の根底にこの意志があると考えた、抵抗を克服してより強大になろうとする意志のこと。

絶対的・中央集権的・官僚的な政権（財務大臣《ディオイケテス》の役割が突出）は、国内に執行と統制の任に当たる地方の役人を多数張りめぐらせ、重要ポストにはますます多くのギリシア人を就け、下位のポストにはギリシア化したエジプト人を配置した。特定の産業分野では、国家の活動は「課税」の極端な形態である独占形態をとった。植物油の独占は生産・流通のすべての過程（栽培、収穫、製造、流通、保護関税）で完璧に行なわれていた。これはプトレマイオス二世フィラデルフォスの『収税法』によって最もよく知られている。採油植物（胡麻、クロトン、ヒマ）から採る油は、国家にとって重要であったので、この方式の採用が容易であり、「垂直的」組織も構築しやすかった。そのうえ、なにか不都合が起こっても、それは現地住民について起こるだけであるし（ギリシア人はオリーブ油しか使わない）、管理が容易である（輸出がない）。閉じられた流通網であり、自給自足の分野であることが重要であった。国家は生産・流通の各段階で利益をあげることができたし、外国産の油の輸入が全面的に禁止されているので、価格を人為的に定めることができた。価格は充分利益を稼げる程度に高価であり、貧乏人の需要を充分満たせる程度に安価であった。植物油以外の独占は完璧ではなかった。織物では、ギリシア人がいるため、羊毛は統制されていなかった。パピルス・鉱物・香料は輸出可能であった。したがって、価格は外国の条件で決まるが、高い税金が課せられ、きわめて精緻に定められた関税が適用された。

独占できないその他の分野は、契約労働に委ねられる。このようにして王領地農民《ラオイ》が居住する村落は苛酷な契約を結ばされる。この契約では、役所が定めた明細表《ディアグラフェ》に基づいて、作物の選択、国家が貸与した種子の使用、収穫の時期、国家と農民の正確な取り分が定められる。職人仕事（とくに織物）は国家と工房間の契約で決められることが多かった。王の工房とは別に、神殿付属の工房が数多くあり、国営市場で入札が行なわれる。舟運や陸運はその一連のやり方――舟運業者との契約や多少とも自由に価格が決定される賃貸料も含め、徴用（ロバとその御者）からその解除まで――の手本を示している。

最後に述べておくと、それ以外の産業分野は払い下げの対象となるか、免許制度のもとにおかれていた。このようにして、一部の土地は、税金や前納金を支払えば、「払い下げ」られた。この場合、耕作（植物油の耕作を除く）や個人による製品販売の面で、自由度は最も高い。地方のレベルでは、小売業は免許制である。小売人《カペロス》は免許を買い、高い税金を払って、契約または独占権で縛られた生産者から商品を仕入れる権利を購入する。同様に、私営の銀行、およびオリエントの奢侈品やアレクサンドレイア産の製品を扱う「輸出入業者」にも、免許が売り渡される。

紀元前三世紀、この仕組みは華々しい成果をあげた。王は莫大な利益をあげることができ、贅のかぎりをつくした宮廷や外交を維持することができた。ある時期、プトレマイオス朝は経済的にエーゲ海を支配し（通貨の独占、価格統制）、海外領（キュレナイカ、キプロス、コイレ・シリア、エフェソス）によって地中海東部全域を支配する計画を立てた。紀元前二世紀、政治情勢が悪化し、はっきりと欠陥が露呈する。政府は弱体化しながらも、独占していた権限を地方の役人に委譲する。王領地の一部はアレクサンドレイアや県《ノモス》の中心都市に住む市民の手に渡る。入植者《クレルコイ》は世襲の土地所有者となり、神殿は広大な土地の寄進を受ける。(1) すなわち、国家の独占を犠牲にして、実質的に私有地が生まれる傾向が生じたのである。現地住民は重税に苦しんでいたが、みずからの物理的な力（現地の住民からなる部隊の増加）と精神的な力（小役人や商人のギリシア化の進展）を自覚し、消極的（農民の逃散（アナコレシス）、生産性の低下）、かつ積極的（テーバイやデルタ地帯における逃亡農民団や山賊の出没）に抵抗しはじめる。政府はこれに対抗するが、その方法は首尾一貫していない。プトレマイオス八世エウエルゲテスのような王は制度を緩め、人道的措置《フィラントロパ》（恩赦、税金の減免、役人に対する節度の勧め）を講じる（有名な前一一八年の大赦令）。しかし、同時に、「強制」（国家による圧力）の制度が厳しくなった。私人の愁訴が頻発し、新たに強制耕作《エピボレ》という制度（放棄された土地に対する税金を強制的に近隣の土地所有者の負担にする制度）が導入されたことがそれを示している。このように破綻の兆候が出てきたにもかかわらず、苛酷な財政も、産業の独占も、断念されることはなかった。貧乏人の生活水準に無関心であり、国外で経済支配を確立できないため、体制は財政中心で、重商主義にとどまっていた。このような体制は、ペルガモンのアッタロス朝によって、規模がエジプトほど大規模ではないが採用されたし、おそらくシュラクサイのヒエロン二世によってもその一部が採用され、そのうえローマによってエジプトで維持されて、帝政後期には——少なくとも原則として——全体主義的な厳格さでもってローマ世界全体に広まった。

（1）エジプトの神殿勢力は現地住民の貴族階級であり、もともと広大な神殿領を有していた。プトレマイオス四世は、セレウコス朝との戦争に現地住民を動員するため、この勢力と妥協したので、さらに神殿領が増やされた。

IV　ヘレニズム世界における社会生活

このテーマの検討は難しい。諸々の事実がますます複雑化しているうえに、見解が多岐にわたっているからである。地理的には、少し硬直化し、貧困化したギリシア本土に対して、致富の政策と旧制度の廃止によって諸王国に生まれたダイナミックな社会を対置することができる。当時、オリエントは、進取の気性に富んだ人びとの野心を受けとめることができるアメリカのような存在であった。社会的には、どこでも、搾取されている者や貧乏人に対して、富裕な支配者階級（貴顕の士、高級官僚、都市のブルジョワ）が対置される。人種的には、新たな問題が発生していたことに注目すべきである。すなわち、ギリシア人は現地の住民と接触し、この接触からユニークな文明が生まれた。しかしながら、ヘレニズム文明の最も輝かしい側面に触れることができるのは、君主の周辺、宮廷内部、首都においてである。

ギリシアやマケドニア――誤解されているが、マケドニアがアンティゴノス二世ゴナタス治世下、新しい都市（いくつかのアンティゴネイア）の創建や、テッサロニケとロドスやデロスとの交易によって、豊かになったことは間違いない――で文化と文明を代表していたのは、都市に住む地主ブルジョワであった。彼らはいまだにきわめて豊かであった。このことを証明しているのが、スパルタまたはメッセネ〔スパルタ西方〕、コリントスとアテナイに関するいくつかの正確で詳しいデータであり、さらに、ピュドナの戦い（前一六〇年）、コリントスの略奪（前一四六年）、アテナイの略奪（前八六年）のあとも、ローマが相当な量の戦利品を獲得することができたという単純な事実である。

しかし、社会危機――ときには悲劇的なこともある――に関する最も明確な証言が得られるのも、つねにギリシアについてである。とくに紀元前三世紀、最も遅れていたアルカディア地方やアイトリア地方を逃れて出国した移住者や傭兵が多かったにもかかわらず、労働者の生活は厳しく、彼らの給料は拡大する貨幣経済から必然的に生じる物価上昇に追いつかず、奴隷との競争によって、とくに港における雇用が減少した。奴隷解放証書（デルフォイ、テッサリア地方、ブトロトン〔在・エペイロス地方〕）は奴隷の状況について一つの視座を与えてくれる。絶えざる戦争（前三世紀にアテナイは数回包囲または占領された）や紀元前二世紀初頭のローマの介入に伴う破壊により状況は悪化する。軍事司令官《ストラテゴス》シキュオンのアラトス（在職・前二四五～二一三年の隔年）の登場によって、アカイア連邦は社会革命の危険にさらされていた富裕者を擁護しようとする。そのため、彼は安定を保証してくれたマケドニア王に対しコリントスの城砦を引き渡すという驚くべき行動に出たと思われる。ポリュビオスのもつ保守的な狭量さ、貧乏人に対する侮蔑が、つまるところ、この革命前の緊張した時期に対応していたことは明らかである。

アギス四世（在位・前二四四～二四一年）とクレオメネス三世（在位・前二三五～二二二年）、ついでナビス王（在位・前二〇七～一九二年）がスパルタで試みたことについては、ポリュビオスやプルタルコスが正確に教えてくれる。これらの王は「僭主的」と評される過激な方法によって、ずっとまえから僭主や体制転覆の宿敵であった都市の古い貴族主義的な体質を暴力的に変えようとした。しかし、スパルタの市民生活がきわめて特異なものであるため、この都市の危機は典型例としての価値はないが、それが示唆している点は重要である。少数派の富裕な市民は、土地をみずからの手に集中し、高利貸しをすることによって、商業も産業もない地域で、借金で希望がもてず、プロレタリア化した大衆を社会的・政治的に苦しめていた。[1] アテナイのソロン以来、はじめて借金の帳消しと土地の再分配というかつての問題が過激な形でふたたび登場する。最初の改革者アギス王は、とくに、かつてのスパルタの理想をストア哲学で見なおし、それを純粋な形で復活しようとした。二人目のクレオメネス三世は、アギス王より現実主義者であり、同じくストア派のスファイロスの教えを受けていた。彼は暴力に訴え、民衆や兵士の支持をえて、ペロポネソス半島のいくつかの都市（マンティネイア、アルゴス、テゲア、メガロポリス）やボイオティア地方で、まさに革命運動を始めた。これは確かに社会不安を示す徴候であったが、王の行きすぎに激怒した冷酷な保守主義者が団結することになった。王が奴隷《ヘイロタイ》を解放し、激しい略奪に明け暮れたからである。ポリュビオスが英雄視しているアラトスは、クレオメネス三世を打ち負かし、マケドニアのアンティゴノス三世ドソンを呼びよせる。この王はセッラシア〔在・スパルタ北方〕でクレオメネス三世を壊滅する（前二二二年）。紀元前二世紀初頭、ナビス王がふたたび同様の政策を採り、「僭主的な」態度をさらに明確にして、国家を破壊しようとする。しかし、今度はローマが治安の維持に当たった。「プロレタリアの」熱望に応えたストア主義革命の種があったことが、これら失敗した運動の特徴であり、この種は他の地でも現われる。ペルガモンでは、アリストニコス[2]の登場によって、コロフォンの布告（イオニアのクラロスで発掘）が言及している摩訶不思議な「奴隷の都市」が出現するし、アッティカやシチリアでは奴隷の反乱が起こった。

(1) アギス王の改革の直前、スパルタの市民資格をもつ者は七〇〇〇人以下しか残っておらず、そのうち、土地と財産をもっている者が一〇〇人ぐらいという状態になっていた(プルタルコス『アギス伝』五)。

(2) おそらくエウメネス二世の庶子。貧乏人・農民・奴隷に訴える反ローマのユートピア的運動を起こした。当初、いくつか戦果を挙げたが、結局、ローマ軍に鎮圧され、アリストニコスは前一二八年頃処刑された。

ギリシア=オリエントの諸王国でも富裕者と貧乏人が対立する。もちろん、大きな違いがないわけではない。紀元前三世紀には、とくに移住してきたギリシア人と搾取されている現地住民とが対立する。当時、現地住民はギリシア本土の市民がもっていたようなエネルギーや階級意識をあまりもっていなかった。紀元前二世紀にギリシア化が進むと、知性豊かな現地住民という中間階級が、ペルガモンで、またアレクサンドレイアでも、はっきりと形成される。その一方で、成功できなかったギリシア人は現地住民の水準へ転落する。社会区分はもはや人種よりも経済的な区分となり、「貧しいギリシア人」(ミシシッピー川の「貧しい白人」と比較すべき)と連帯した現地の農民は、王の使用人や大土地所有者という、体制から利益を享受している階級と対立する。農民と都市の住民(ギリシア人とギリシア化した現地住民)間の抗争の観を呈しはじめる。ある人によると(ロストフェツェフ)、この紛争は最後まで古代社会の社会生活の特徴であった。

全体的に見ると、ギリシア的な要素が普及することによって、共通の文明(コイネー文明)が形成される。比較的交通の便がよいこと、現地人が社会面・物質面で上昇する過程で習得したギリシア語が一般に使われていること、ヘレニズムの規範に基づいて法律や家庭生活の慣行が統一される傾向にあること、ほとんどの場合、ヒッポダモス方式のプランに基づいて碁盤目状の街路をもち、神殿・評議会場《ブレウテリオン》・体育場《ギュムナシオン》・レスリング場という同じような記念建造物が整備された都市で暮らしている人ほぼ全員にギリシア風の生活様式が浸透し、それが好まれていたこと、これらすべてが、社会生活に一見型にはまったような外観を与える（ヘレニズム都市の地図（六四〜六五頁の図2）参照）。

都市のそとでは、現地住民がいくらか多様性をもたらす。ギリシア化は農村部にはきわめて不完全な形でしか浸透しないからである。エジプトでも、アジアでも、農村《コラ》で暮らす農民は外国の文明にほとんど関心を示さない。そのうえ、彼らはこの文明から不便を受けているだけである。彼らの地位は、かつて慣習で決まっていたが、いまや公的に規制され、従来よりうまく組織された国家の財政上の要請や支配階級の搾取によって、悪くなっていることが多い。彼らは「断固として拒否すること《アナコレシス》」によって対抗する。受動的な抵抗が多く、古来の神々や千年来の生活様式に固執し、ときには逃散し、その結果、強盗を働いたり、神殿へ聖域逃避《アシュリア》(1)したりする。さらにエジプトで起こったように、公然と反乱を起こすことによって対抗したりする。階級意識という言葉を使うのは難しいが、狂信的な神官の支配を通して、民族主義的な感情の存在が認められることも何度かあった。エジプトでは、搾取するギリシア人は嫌われ、ときには虐待され（メンフィスのセラピス神殿の「隠遁者」プトレマイオスの嘆き(2)）、いつも外国人と見なされる。ローマが支配するようになって、ギリシア人はようやく敗者の地位に引きさげられ、かつての外国人より要求が多く、一見文明の度合いが低そうな新しい外国人に対して、一種の団結心が生まれる。

（1）不可侵とされた特定の聖域に嘆願者として逃げ込むこと。このような聖域に逃げこんだ者を追跡し、処刑することは、どのような理由であれ許されなかった。この権利が絶対的であるためには、王の決定、古来の慣習、隣保同盟によって認められていることが必要であった。なお「アシュリア」が報復免除を意味することに注意（一七頁の訳注参照）。

（2）メンフィスのセラピス神殿の宿舎に隠遁していたマケドニア人プトレマイオスは、ギリシア人であるという理由で虐げられていると、幾度も嘆いている（UPZ、I、八、一五）。ただし、この記述から一般的な結論を出すのは適当でないとする説もある（W・ウォールバンク『ヘレニズム世界』一一五頁）。

都市では、社会生活の変化の過程を明確に見てとることができる。ギリシア人の移民は、当初はマケドニアやギリシア本土の出身者であったが、その後、小アジア、エーゲ海諸島、キュレナイカからの移住者がますます増え、さらにアイトリア地方、アルカディア地方、トラキア地方のような周辺地域からも来住する。これらギリシア人は団結し、兵士の団体（ペルガモンのエウメネス一世の傭兵）のような職業的・宗教的団体を結成する。おそらく、オリエント化しないように、現地人に対抗して団結したのであろう。しかし、ギリシア本土の都市でも、同じような連帯意識の芽生えが認められる。紀元前四世紀末以来、「国際的な」制度（プロクセノス[1]、イソポリテイア[2]）が発展したからである。ヘレニズム時代には、哲学によって教化され、都市国家《ポリス》の排外主義から解放されて、市民はコスモポリタニズムを志向する。ストア派、キュニコス派、エピクロス派の哲学者は、みずからを世界市民であると考え、個人的に自由だと思っている。いずれにしても都市の枠外にいると考えている。医者も、知識人も、芸術家も、自分を抱え、手当てを支払ってくれる宮廷や都市のエリートを求めて旅をする。

（1）他の都市の利益を代表する現地の市民（代表対象の都市の市民ではない）で、現代の名誉領事のようなもの。通常、都市は、過去または将来の貢献に対する見返りとして、他の都市においてみずからの都市のプロクセノスを選んだ。この地位は世襲のことが多い。のちになると、名誉市民権と併せて与えられることが多い。
（2）市民の数を増やしたり、援助に対する謝意を表明したりするため、ある都市が他の都市の市民に対し、個人ごとにまたは市民全体に、市民権を与えること。実際に他の都市の市民となるには、その都市に住所を定め、市民として登録する必要があった。二都市間で相互に市民権を与えあう場合もある。この場合、単一国家（シュンポリテイア）となる。

ギリシア人は、活動すれば、いたるところで支配階級を形成する。技術に秀でており、適応力があるからだ。新しいメンタリティーも生まれつつあった。すなわち、ギリシア人はどこでも紀元前四世紀のアテナイの勤勉な在留外人《メトイコイ》を受けついでおり、在留外人と同じように、政治から切り離されて、とくに事物の物質的側面、すなわち財産・経歴・技能・職業能力に関心をもっていた。

商人や実業家の支配が始まるが（プトレマイオス二世フィラデルフォス治世下のアポッロニオスとゼノンの書簡を参照）、官僚制によって生まれたテクノクラートの支配も始まる。パピルス文書によると、行政技術や課税方式が進歩し、きわめて近代的なものになる。二つの有名なテクスト、プトレマイオス二世フィラデルフォスの「収税法」とプトレマイオス八世エウエルゲテス治世下の大赦令（前一一八年）は、役人の円熟度、柔軟性、創意工夫、能率の感覚を示している。「貴殿らが視察旅行するときは、どこでも人民を激励し、元気づけなさい。そして言葉だけではなくて、農民から、農作業の何らかの点について村の書記または村長《コマルケス》に対する不満を聴いたならば、調査して、できるかぎりそのような不正行為を終わらせるべきである……」（『パピルス選集』二〇四番）。重大な欠陥やある種の衰退があったけれども、ヘレニズム時代末期、一つの伝統ができ、ローマがそれを継承した。しかし、それが本格的に適用されるのは、帝政末期になってからである。軍事科学や応用科学も、同様の進歩を遂げる。大型兵器に対する関心や都市攻略の技術は、マケドニアのフィリッポス二世（とシュラクサイのディオニュシオス一世）の時代に生まれ、一連の有能な人物（デメトリオス・ポリオルケテス〔攻城者〕、ピュッロス、シュラクサイのヒエロン二世、アルキメデス、ビュザンティオンのフィロン）に対して発明のアイデアを数多く提供した。ヘレニズム時代の技術である都市攻囲法や土地測量法が生まれ、これらすべての知識はローマの技術者に継受される。

現地住民のギリシア化が認められるのは、都市だけに限られている。エジプトの農村《コラ》やセレウコス朝の村落に定住したギリシア人の兵士や入植者が地方で行なった活動を過大評価してはならない。事実、これらギリシア人のあいだでは、異なる人種間の結婚や日常交友関係を通して、オリエント化の形跡（とくに宗教の面で）が最も顕著である。都市では、首都だけでなく、セレウコス朝領、キュレナイカ、とくに小アジア（カリア地方、リュディア地方、フリュギア地方）にある多くの中規模都市でも、現地住民は商業、国営農場、銀行、職人仕事、中・下級役人の職に就くことによって豊かになり、ブルジョワが形成される。これら現地住民はギリシア語を学び、特定の技術を習得して、職業組合の利点に気づく。体育場《ギュムナシオン》に出入りすることが認められることさえあった。体育場には、同化可能なヘレニズム文化――まさに「平民の化粧石鹸[1]」――がほとんど揃っていた。しかし、その文化の浸透度は均等ではなかった。

（1）フランスのアンシャン・レジーム下で、平民が爵位を得るため使った費用を侮蔑して表現した言葉で、成りあがり者にその出自を忘れさせるものを意味する。

小アジアは、かなり以前からギリシア人との接触を通して比較的都市化しており、シリアよりずっと発展していたし、都市や港があるため、沿岸部のほうが内陸部よりもはるかに発展していた。パレスティナやユダヤ地方は、セム語族の特異な気質やユダヤ人の民族主義にもかかわらず、新しい文明の威光に敏感である。アンティオコス四世エピファネスは、少数派であったユダヤ人のギリシア化がかなり進んだと判断し、この地方を同化しようとした。しかし、マッカバイオス兄弟がその楽観主義を粉砕した。最後に述べておくと、ギリシア化が最も遅れていたのは、エジプトである。住民の数の均衡がとれていないうえ、政府がきわめて控えめな政策を採ったからである。プトレマイス以外には新しく創建された都市はないし、しばしば異民族《バルバロイ》同志の婚姻が禁じられ、あまりにも違いが大きく、危険と思われている現地住民は蔑視されていた。

微妙な差異をすべて細部まで解明することは不可能である。最も燦然と輝き、永続性のある文明が形成されたのは、大首都のアンティオケイア、ペルガモン、アレクサンドレイアにおいてである。以下、これらの大首都についてその文明を検討しよう。とはいっても、特徴ある都市、あるいは比較的よく知られている都市（例・ドゥラ・エウロポス）も一瞥しないわけにはいかない。これらの地では、きわめてオリエント色の濃い「コイネー文明」が形成されていた。逆に、変革の過程にあっても変わらないギリシアの永続性については、ロドスやデロスのような島嶼《とうしょ》、そして当然のことながらアテナイについて、第四章で検討することにしよう。

第二章　ヘレニズム時代の東方

I　アレクサンドレイアの文明

アレクサンドレイアが地中海世界第一の都市となったのは、紀元前三世紀、プトレマイオス二世フィラデルフォス（前二八三〜二四六年）とプトレマイオス三世エウエルゲテス（前二四六〜二二一年）の時代であった。この都市の急速な繁栄は驚嘆に値する。その何からなにまでが、紀元前三三一年にアレクサンドロスによってつくられたのであるから、なおさらのことである。

アレクサンドレイアは、ナイル川デルタの西端に位置し、運河によって内陸部とつながっているが、内陸部とは通行困難な湿原によって切断されていたので、外部の世界――すなわちプトレマイオス朝が短期間領有していた地中海の東部地域、エーゲ海、小アジア南部――に目を向けていた。

この都市には利便性の良いところがいくつかある。北側はいわゆるエジプト海、南はマレイア海（マレオティス湖とも呼ばれる）という二つの海に洗われている。ナイル川は、上流からも沿岸部からも通じる多数の運河によって、この都市とつながっており、これら運河を通して、海を経由するよりもはるかに大量の輸入物資が到来し、その結果、湖側の港のほうが海側の港より繁栄していた。いずれにしても、アレクサンドレイアからの輸出は輸入を上回っていた（ストラボン『地理書』一七、一、六〜七）。

アレクサンドレイアは、規制が緩やかだったので現地の住民が流入したが、エジプト人の都市というよりギリシア人の都市であった。この都市はエジプトにあるのではなく、「エジプトに接して《アド・アエギュプトゥム》」いた。アレクサンドロス大王によって創建されたので、つねに王都であり、行政上の首都、王宮の所在地であった。アレクサンドレイアはプトレマイオス朝の文明をすべて具現していたのではなくて、その文明の最も燦然とした、最も普遍的な側面を具現していた。この首都はこんにちのブラジルの首都ブラジリアのように国の活動から切り離されてはいなかった。ペトラ経由でアラビア、ミュオス・ホルモス港またはベレニケ港とコプトス経由で紅海からの道路がつながっている商業の中心地であると同時に、王立の工房が多数あり、地元の製品（パピルス、亜麻）や異国の産品（香料、香辛料、宝石）が加工される工業の中心地であった。さらに、エジプトにはない原料（木材、金属、羊毛）、ギリシア人が好んだ食料品（オリーブ油、高級ワイン）、高価な金属（金、銀、銅、錫）が輸入されていた。有名な贅沢品の工房は、これら高価な金属を使って金属食器や金銀細工などを制作する。輸出向けの産品としては、地代として納められ、王の倉庫に貯蔵されている小麦が第一位であり、そのほかパピルスや香料があった。

アレクサンドレイアの製品が地中海全域に普及していたことは、考古学調査で検証されている。逆に、ヘロンダスが述べているように、「地上にあり、地上でつくられるあらゆるものがエジプトにある」（『とりもち婆』二六〜二七）。紀元前三世紀、最も緊密な関係をもっていたのは、エーゲ海の島嶼《とうしょ》、およびエーゲ海経由によるギリシア、エフェソス、カリア地方、キリキア地方（財務大臣アポッロニオスに仕えた私設秘書ゼノンの勤務地）であったし、四〇〇キロメートル北方にあるシリア＝フェニキアの港やキプロスであった。のちに情勢が少々悪化してコイレ・シリアを失ったあとは（前一九八年）、セレウコス朝シリアが優勢となり、とくにロドス、ペルガモン、デロスを利することになった。しかし、アレクサンドレイアに活気があったのは、その先進性、高品質の奢侈品、紅海経由のルート（プトレマイオス八世エウエルゲテス（前一四五〜一一六年）治世下で改良された交易路）による商品の再販のせいであり、この都市の文明の威信のせいであった。さらに、カルタゴ（前一四六年まで）やローマ世界との関係が緊密化する。カンパニア地方はプテオリ〔現プッツォーリ〕経由で商品を輸入しており、腹黒いウェッレスはシュラクサイでアレクサンドレイアの商船の到着を狙って略奪しようとしていた（キケロ『ウェッレス弾劾』）。

不幸にして、近代の建造物が建っていて、地下水の水位が高いので、発掘によって古代のアレクサンドレイアを明らかにすることはできない。現在までの調査では、王宮、カエサレイオン（アントニウスとクレオパトラが着工し、アウグストゥスが竣工したことから、その名がある墓廟）の位置がわかっている。おそらくアレクサンドロスの霊廟の位置もわかるだろう。(1) 古代の著述家（アテナイオスとストラボン）は熱っぽく語ってはいるものの、不正確である。アレクサンドレイアを建設した地点には、海とマレオティス湖のあいだにラコティスという現地住民の村落が存在した。この村落は新しい都市では大衆の居住地区となる。アレクサンドレイアの地が選ばれたのは、アクラ岬とロキアス岬という二つの岬があり、近くにファロス島とアンティロドス島があって、船が寄航するのに恵まれていたからである。ヘプタスタディオンという突堤でファロス島と海岸とを結ぶことによって、エウノストス港〔幸帰港〕と大港という二つの港が造られた。そのほかの工事によって海の安全が改善される。なかでもクニドスのソストラテスによってファロス灯台〔世界七大不思議の一つ〕が建造された。この灯台は高さが一一〇メートル、三段の階段状に造られていて、松柏類の薪の火が灯っていた。アレクサンドレイアのプランはロドスのデイノクラテスがつくったものである。彼はイオニア地方の碁盤目状のプランから着想したが、規模が巨大、眺望が壮大で、小島が配置され、緑の空き地が設けられている。南方へ行くにしたがって高くなる土地に建てられた建造物が段階状になっているので、一見してアレクサンドレイアであることがわかる。中央の大通りは幅員が三〇メートルあり、南西から北東へ向かう海岸に平行して走り、都市を貫通していた。そのほかの通りは比較的つましく、民衆の居住地区は、当時の他の都市とほとんど変わらなかった。市壁の位置は完全にはわかっておらず、ナイル川の運河が到達していた地点を正確に特定することすらできない。当時のプランは一部分わからないままである。

（1）王宮、カエサリオン、霊廟などの正確な位置や規模は確認されていない。当時のアレクサンドレイアの概観は、Ch＝G・シュエンツエル『クレオパトラ』（北野徹訳）（文庫クセジュ九一五番）参照。

この都市はきわめて早い時点で最大規模に達した。プトレマイオス朝最初の二代の王が努力を惜しまなかったからである。人口は五〇万人を超えていた。ギリシア＝マケドニア人は少数派である。紀元前二世紀セレウコス朝アンティオコス四世エピファネスによる迫害を受けたあと、ユダヤ人が増加して、数万人を数えたし、多少ギリシア化したエジプト人やアラブ人も住んでいた。これらの民衆が王宮や行政センターの近くや、その隣接地区で暮らしていたので、都市の食糧供給や行政に重大な問題が発生した。この都市は王の都市であると同時に、ギリシア型の都市であるが、厳しい取締りのもとに置かれていた。

住民はきわめて複雑な形に区分されていた。底辺には現地の住民がいる。居住が黙認されているだけで、権利は与えられていなかったが、流入は続いていた。ついで、「アレクサンドレイア住民」（または「ヘッレネス」）がいた。言語・服装・挙措からギリシア人と称しているものの、実際には著しく混血した多数派であり、地中海のどの港とも同じように、さまざまな地域から来た在留外人、資力はないが自尊心を失っていない「貧しいギリシア人」、混血した人たち、そして多少ギリシア化され、社会的地位が高くなった生粋のエジプト人から構成されていた。社会区分が異なる者同士の結婚は禁止されていたが、農村地帯で結婚してから、職を探しにこの都市へ来る者もいた。最後に、頂点にいたのが、ギリシア人とマケドニア人という「市民」、住民の選良である。最初に来住した移民の末裔であるが、王たちに招かれた移住者や、のちに小アジアやシリアから来住した移住者で増えた。なかにはみずから「マケドニア人」と称する者さえいた。おそらく王に仕えていた者であろう。実際には、市民だけが特典（戸籍、裁判、デモスやフュレ（両者とも市民編成の基礎的単位））をもっていた。よく知られている在留外人共同体《ポリテウマタ》は別と考えるべきである。そのなかでは、ユダヤ人の共同体が最も有名で、人数が多く、裕福で、教養が高く、ギリシア語によるユダヤ文学（『七十人訳聖書』、アリステアスの『フィロクラテス宛書簡』）を生んだ。

アレクサンドレイアにはほとんど自治権がなかった。王たちがこの都市が政治的に独立するのを怖れていたからである。アレクサンドロスが設置した評議会《ブレ》は、いつのことかはわからないが、きわめて早い時期に廃止された。かくして住民は法律上意見を表明する手段をもっていなかった。役職で確認できているのは二つだけである。すなわち、監察官《エクセゲテス》（「都市にとって重要なことを監視し」（?)、君主礼拝を司る神官であると同時に、（おそらく）学術研究所（後出）の所長であった）と夜間の軍指揮官（おそらく君主または財務大臣（ディオイケテス）によって任命され、治安維持を担当する一種のアレクサンドレイアの警察長官で、アウグストゥス時代におけるローマの夜間警察・消防隊の長官の先駆け）である。少なくとも体育館長《ギュムナシアルコス》がいたはずだが、ローマ時代以前にそれを示す証拠はない。ストラボンはこのほかに公式記録書記《ヒュポムネマトグラフォス》と主席裁判官《アルキデイカステイス》という二種の役人を挙げているが、それは王の役人にすぎない。ストラボンは、この都市が中央の役所によって厳しく監視され、管理されていたとしているが、それは間違いである。

　このように警戒されていたにもかかわらず、民衆はますます騒擾を起こすようになり、プトレマイオス四世フィロパトル（紀元前三世紀末）以降、民衆の政治的役割は、違法ではあるが、絶えず増大してゆき、王権を弱体化させた。その決定的要因は、アレクサンドレイアの市民権を得ようとするエジプト人——貧しいことが多い——が増加するとともに、ユダヤ人の移民が増えたことであった。活動的かつ情熱的であり、すぐ無分別に激怒し、むごたらしい残虐行為や集団として卑劣な行為に走る「ヘッレネス」と呼ばれる住民は、紀元前二〇三年の恐ろしい紛争の際、初めてみずからの力を自覚した。ある党派に操られた首謀者の影響のもとで、ヘッレネスがプトレマイオス四世の側近であった陰険な一派に私刑を加えたときのことである（ポリュビオス『歴史』一五、三一～三三）。紀元前二世紀、これらヘッレネスはつねに王朝の紛争に介入し、プトレマイオス八世エウエルゲテスに与《くみ》してプトレマイオス六世フィロメトルに対抗し、ついでクレオパトラ三世に魅せられて支持し、この女工の敵と対抗したりした。政権はユダヤ人の共同体に支援を仰ぐことが多かった。この共同体は比較的信頼できるうえに、プトレマイオス朝がセレウコス朝アンティオコス四世エピファネスの犠牲者を受けいれたことに恩義を感じていたからである。紀元前一世紀にローマの介入を招いたことによって、プトレマイオス十二世アウレテスは嫌われ、事態はますます民族主義的様相を呈するにいたる。カエサルは個人的にこの厳しい状況を体験した。ローマが支配することになって、アレクサンドレイアから首都や「キング・メーカー」の機能が奪われたとき、アレクサンドレイア住民は、結局、かつての君主たちを懐かしく思うようになっていた。

アレクサンドレイアでの暮らしぶりは、テオクリトス、カッリマコス、ヘロンダスの作品によって知られている。行列、饗宴、豪華な布地や宝石を飾った王家の祭礼の壮麗さを強調する者もいれば、セラピスやイシスの像を見て、宗教の多様性や、ギリシア精神とオリエントの神秘主義の接触を強調する者もいる。テオクリトスは『シュラクサイの女』においてどんな色事でもできる街の活気や人ごみに言及している。その一方で、ヘロンダスは社会の底辺に存在する奔放で滑稽な世界を演出する。だが、われわれには、その雰囲気、その光景を感じとることは難しい。セラピス神殿《セラペイオン》へいたる大通りが横切っていて、露天の屋台や商店のまえをうろつく胡散《うさん》臭い地中海の群集がたむろする大衆地区のラコティスに対置されるのが、ビジネス街や役所街のブルケイオン地区である。ここには、美しい通り、公園、庭園、有名な記念建造物、学術研究所《ムセイオン》、図書館、体育館、アレクサンドロスの霊廟、ロキアス岬の王宮、数階建ての大規模な賃貸集合住宅が建っている。のちにローマはこの集合住宅を模倣する。ユダヤ人地区を過ぎると、カノポス郊外の風景は比較的静かで詩的であり、そこには運河沿いの人里離れたところにある豪華な別荘、外来種の樹木や動物が見られる公園、小さな丘のうえに建つ人工的な「建物」がある。いずれにしても、ナイル川の風景、アレクサンドレイアやポンペイのモザイクや絵画に描かれていることが多い風景である。

しかし、われわれにとって、この文明は、そう主張されたことが多かったけれども、たんに、退廃を楽しんでいる時代の不自然な要素を描いた風俗画ではない。この文明には、科学も、文学もあり、その輝きには、ピエール・ルイスが『アフロディテ』で描いた魅力的な人物が活躍する都市の、伝説的な腐敗を埋めあわせる何かがあった。

プトレマイオス朝最初の二人の君主、プトレマイオス一世ソテルとプトレマイオス二世フィラデフォスは、ファレロンのデメトリオス(1)(テオフラストスの弟子)や碩学の詩人コスのフィレタス(テオクリトスの師匠)に感化されて、向こう何世紀にもわたって、首都アレクサンドレイアを世界の科学や文学の中心地にしようとした。学術研究所《ムセイオン》は、多数の学者、とくに物理学者・医者・博物学者を寄宿させ、彼らに収蔵品や実験材料の使用、解剖の自由(他所では知られていない)を認めていた。これらの「研究者」は、さまざまなことに関心をもっていて、アテナイのリュケイオンにいたアリストテレスの集団にならい、一つの優れた集団を形成していた。最も偉大な学者は学術研究所に起居するか、そこを訪れた。そのなかに、太陽を中心として世界を説明し、コペルニクスの地動説を予告したサモスのアリスタルコス〔前三世紀前半〕や、星座を作成したヒッパルコス〔前一六〇～一二五年〕がいた。万事に精通していたキュレネのエラトステネス〔前二八四年頃～一九二年頃〕は、科学的な地理学を確立し、地球の直径を算出するためシュエネ〔現アスワン〕の子午線の弧を測定し、エジプトの文書に基づいて古代の年代〔トロイア戦争以来の年代〕を解明、天体や地理に関する教訓詩『ヘルメス』を詠った。ウェルギリウスやアンドレ・シェニエ〔十八世紀のフランスの詩人〕は、この詩から着想を得たのである。アルキメデスは学術研究所で教育を受け、しばらくそこで仕事をして、工学にお墨付きを与えた。そのあと紀元一世紀、工学はヘロンによってアレクサンドレイアで有名になる。紀元前三世紀の偉大な医者も学術研究所の寄宿生であった。血液の循環を見つけた解剖学者ヘロフィロス、実験によって生理学を確立したエラシストラトスがいた。学術研究所の役割と栄光は長くつづく。紀元四世紀、多くの科学が壊滅してしまったあと、この地で数学が輝かしい業績を挙げた。それを代表したのがヒュパティア〔三七〇年頃～四一五年〕である。彼女は、ずっとまえの、初期のアレクサンドレイアの学者――エウクレイデス〔ユークリッド〕、ペルゲのアポッロニオス、おそらくヒッパルコスもこれに入る――の継承者であった。

(1) アテナイのアリストテレス派の哲学者。前三二五年頃マケドニアへ逃れて政治家となり、前三一七年、カッサンドロスよりアテナイの統治を任せられる。前三〇七年、デメトリオス・ポリオルケテスがアテナイを征服すると、ボイオティアに逃れ、のちにプトレマイオス一世の庇護を受け、一説では、アレクサンドレイアの図書館の創設に関係したとされる。

実験科学の発展は学術研究所《ムセイオン》の誇りであり、アリストテレス派の最大の功績であった。ファレロンのデメトリオスがいたので、この学派の影響力は絶大であった。プトレマイオス朝は哲学の研究を奨励しなかった。哲学の志向する方向が専制体制とほとんど相容れなかったからである。しかし、この王朝は、学術研究所の有名な付属建造物であった図書館によって人文科学に多大の貢献をした。館長は文献学者や詩人であり、カッリマコス、ロドスのアポッロニオス、サモトラケのアリスタルコス、それにエラトステネスがいた。彼らは、学者というより役人であった学術研究所の所長よりも、格段秀でていた。蔵書七〇万巻（カエサルの時代）を収蔵し、カッリマコス作成の目録を備え、この図書館はすべての研究者にとって素晴らしい研究の道具であり、そもそも、正真正銘の詩人や歴史家より、文法学者や好古学者[1]に有用であった。真の詩人や歴史家は自由な精神の持ち主であったので、アレクサンドレイアに魅力を感じていなかったからである。この図書館がとくに誇りとしていたのは、テクストの文法的・意味論的・文学的研究である。その業績には、多数のホメロスの校訂本（二四歌に区分したことを含む）、文法概論や辞典、膨大な量の注釈、悲劇の傑作の古注つき校訂本、過去の叙事詩や教訓詩、エジプト人マネトンの古代史、そしてギリシア化した多数のアレクサンドレイア在住ユダヤ人のために七〇人の学者が数世紀を費やした聖書のギリシア語翻訳がある。主要な研究者としては、ゼノドトス、「青銅の内臓を持つ」ディデュモス（三五〇〇巻の注釈本を著わしたのでこの渾名が付いた）、評論家であったビュザンティオンのアリストファネスとサモトラケのアリスタルコスがいた。作品名が伝わっている幾百人もの著述家の作品には駄作も多かった。しかし、図書館は数回火災に見舞われ、再建されて、六四〇年にアラブ人の手に渡ったが、古代の主要な作品をわれわれに伝え、文献学や文学批評を生んだのである。

（1）古代では、歴史記述は本質的に文学のジャンルに属するとされ、この歴史記述と関係がない法律・宗教・言語・慣習などの研究を「好古学」という。

プトレマイオス四世フィロパトル（前二二一〜二〇三年）治世下、ホメロスの神格化が活人画の形で決定され、大規模な記念パレードが実施されたことは、エリートが思想家や詩人に対し真面目に好意を抱いていたこと、このような「文化による神格化」が始まったこと、ローマ時代に言及されることが多い詩芸の女神ムーサ（「ムセイオン」の語源）が親しまれていたことを示している（H・マル『ムシコス・アネル』）。

純粋な詩は苦境に陥っていた。おそらく、王たちの重圧と感じられる保護、科学の威信の向上、エリートの世俗的で軽薄な趣味、偉大な知性の持ち主の欠如という状況に置かれていたからであろう。流行の影響や力量不足から、詩は、すでに過去のものとなっていた高尚なジャンル（とくに悲劇）を捨て、むしろ最良の作品のなかに、短い詩や彫拓された詩というよりも、凝った詩を追求し、味気のない学識に陥ることが多かった。カッリマコスの長所は、作詩法の概念をつくり、伝統的な英雄主義や「大げさな作品」を排斥して、科学やたんなる娯楽を志向している時代に、新しい詩をつくろうとしたことにある。しかし、この独創的詩人カッリマコスは、その才能にはいまだにわれわれを感動させるものがあるが、厳しく非難されることもあった。

「文法家の連中、他の人の詩芸《ムーサ》の女神を引っ掻くモグラ、偉大な作品を誹謗しエリンナを賞賛するみじめな蛾、カッリマコスのまえでよく噛みつき、吠える痩せこけた犬、子供の心を暗闇に追いやる詩人という厄介者、美しい詩句を貪り食う南京虫、とっとと消え失せろ！」（『ギリシア詞華集』一一、三二二）。

この嫌味を書いたのは彼のライバルであったロドスのアポッロニオスであるが、彼は成功を収めた条《くだり》、たとえば、メデイアとイアソンの恋の芽生えを描いた条（ボナール、前掲書、二六七〜二七二頁）では、カッリマコスよりも詩才を発揮し、『アルゴ船物語』の大部分では、ときには重苦しいと感じることもある学識を披瀝する。このアポッロニオスの学識をときに難解なこともある迫力でもって凌駕したのが、『星辰譜』に出てくるソロイのアラトスの詩である。このような欠点を免れることができたのは、テオクリトスとヘロンダスだけである。テオクリトスは生まれ故郷のシチリアの牧夫が歌う民衆調の掛け合いの歌を大ジャンルにまで引きあげ、下手《へた》にまねして彼に迷惑をかけた古代や近代の詩人よりずっと本物の、自然な詩を詠うことによって、短い詩《エイデュッリオン》、とくに牧歌、を完成した。彼の『シュラクサイの女』は、すぐれた観察精神でもって軽快に詠われた写実的な即興詩である。女性的で繊細な詩であり、プトレマイオス朝の女王の洗練された宮廷を魅了させたにちがいない。

ヘロンダスについては、「音節数が合わない」詩句の使用、題材の卑猥さ、鋭い観察眼、一風変わった悪漢小説のセンス、驚くほど類型的に描かれた登場人物に露骨な言葉で喋らせる技によって、「現実に密着している」。彼の弁論『女郎屋』では、抱えている女一人を騙しとられた女郎屋の主人が、リュシアスの「身体障害者給付金差し止めの提訴に答えて」に見られるような人びとの心に対する訴えと気取りなさをもって、かつ、素人の司法記者がきわどい事件で発揮するようなすぐれた技を駆使して、法廷でみずからの生計手段を弁護する。

「この男は海を旅してまわり、三ムナ〔三〇〇ドラクマ〕もする毛皮つきの外套をもっているのに、おれは陸にいて、フードのついた外套を着、汚い履物を引きずっている。だからといって、おれが抱えている女を、彼が力ずくで、おまけにそれも夜中に、奪ってよいのなら、これでは皆さん、おれたちの都市の治安はもうお仕舞いだ。皆が誇りにしている都市の独立はこのタレスによって駄目にされるだろう」〔『女郎屋』二一〜二七〕。「お笑いになるのか！　そうとも、おれは淫売宿の主人だ、それを否定しやしない、おれの名はバッタロス、祖父《じじい》はシシュンブラスで、親父《おやじ》はシシュンブリスコス。代々みな女郎屋をやってきた……」〔前掲書、七四〜七七〕。「ああ、皆さん、女郎屋のバッタロスに票を投じるのではなく、皆さんの都市に住むすべての外人のために投票するのだと考えてほしい。さあいまこそ、皆さんは示されるだろう。コスがいかに偉大であったか、コスの祖先メロプスがいかに偉大であるかを。テッサロス[1]やヘラクレスがどのような名誉を獲得し、かつてアスクレピオスが何のためにトリッケ〔在・テッサリア西部〕からここにお越しになったのかを。なぜフォイベ〔アポロン〕がこの地でレトをお生みになったのかを」〔前掲書、九二〜九八〕。

（1）ヘラクレスがトロイアから帰還するとき、コス島に上陸し、コスの王女とのあいだに儲けた子。

この詩は、路地の生活から直接生まれた、古代には類例のない発想の詩である。これと比肩できるのは、いくつかの芸術品、なかでもアレクサンドレイアの工房で作られた小さなブロンズ像だけである。とかく「アレクサンドレイアの芸術」といわれるが、それが定義されていることは稀であり、定義することと自体難しい。優れた研究者のなかには、この芸術の存在すら疑う人がいる。遺物はエジプトでも多くないのに、類似の様式は地中海世界を横切り、オリエントは言うまでもなく、バクトリア（有名な《ベグラムの盃》まで広がっているから、確実にアレクサンドレイア様式といえる作品の研究を不確実なものにしている。しかしながら、現在では、アレクサンドレイアで生まれ、各地に広まり、模倣された、本当に独創的な芸術が存在したことは認められる傾向にある。

アレクサンドレイアの芸術は、ペルガモン、ロドス、キュレナイカ、アテナイにもっとはっきりと遺跡や遺物を遺しているギリシアの古典芸術（後述）とは異なり、市民のものではなく、理想化の傾向もなかった。この芸術は、君主がエジプトの芸術家に発注した多くの建造物（在・エドフ、フィラエ）や装飾彫刻（浅浮彫）がメンフィスからアスワンまで遺っているのに、ファラオのエジプトからあまり影響を受けていないからである。キュレナイカのプトレマイス（現トルメイタ）にある「列柱廊の宮殿」はその建築面での好例である。アレクサンドレイアの芸術は、首都に住むエリートの嗜好から発想され、ギリシアの技術によって実現されて、絶えず変転してゆく。スコパスやリュシッポス風に刻まれた素晴らしい王や女王の青銅像や大理石像にくわえ、第一級の美術品には、小さなブロンズ像、金属やガラスの工芸品（ときには浅浮彫が施される）、モザイク、スタッコ装飾、石膏の円形浮き彫り彫刻やカメオがある。

素材の完成度、都市の工房の技能を雄弁に物語る豪華さによって、アレクサンドレイアの技術であることがわかる。典型的なテーマやモチーフがいくつかある。何人かの君主（とくにプトレマイオス四世フィロパトル（紀元前三世紀末））によって奨励されたディオニュソス信仰の流行や、地中海東部へのイシス信仰の普及から生まれた、とくに宗教的なテーマ、それに伝説や神話の当世風の解釈（ヘラクレス）がそれである。また、絵画やモザイクでは、愛の神エロス〔キューピッド〕とアフロディテが主役を演ずる風俗画とか、喜劇やミモス劇の場面、とくにブロンズ作品では、手仕事・奴隷像・老人といった日常生活の情景がある。全体的に見て、発想はきわめて人間的で、慣例に従わず、ときには戯画的な写実主義から理想化を志向する古典主義を拒絶している。Ch・ピカールは、アレクサンドレイア芸術の「心理の源」を探求することによって、金持ちのためにつくられたこの宮廷芸術が「貧乏人や大衆の生活」や日常生活に関心をもっていたことを力説する。猟師、老いた農夫、栄光の座を追われた運動選手、不恰好な小人、黒人奴隷、このような新しいモチーフの選択は、写実主義だけから発想されたものではなくて、イシス信仰のような隣人愛的・共同体的宗教の浸透から窺がえる人道主義的博愛を示している。

こんにち、風景をアレクサンドレイアのものと解釈することに力点が置かれている（Ch・ピカールやイタリア人A・アドリアーニの研究）。ブロンズやスタッコの浅浮彫《レリーフ》りでもそうだし、絵画やモザイクでもそうである。作品はそのほとんどがローマ時代の模作（ポンペイ、アウグストゥス時代の芸術）によって知られているのに対し、小品（容器、青銅の剣、宝石、青銅のアンフォラの取っ手に付けられた細かな浮彫り）では原作が遺っているので、専門家が充分自信をもってアレクサンドレイア様式を遡ることは可能と思われる。年代別の分類を試みた者もいたが、いまのところきわめて難しいようである。風景は三種に区分される。まず画趣ある風景。ディオニュソスから着想したものが多く、樹木、牧夫（テオクリトスの短い詩（エイデュッリオン）の役割）、動物、小さな聖所、エロス、花や果物の飾りが描かれている。次に、港の風景。海や円形闘技場風に階段状になった建造物が描かれ、ときには堤防、アレクサンドレイアの灯台さえ表現されている。最後に挙げられるのが、《ナイル川の風景》である。小丘のうえにある建物、樹木や草花、何なのか判然としない人物や想像上の動物が描かれ、とくにポンペイの絵画では印象主義風に表現されていることが多い。確かに、このような構図はアレクサンドレイアだけで普及したのではないが、最近の発掘により、エジプトの絵画やモザイク作品が発見されはじめるにつれて、ますます、アレクサンドレイアの影響を受けていたと考えられる。アレクサンドレイアの芸術については、いまやすでにかなりのことがわかっているので、この芸術の特異性、豊かな想像力、高い技術、発想の繊細な魅力を認めることができる。衰退というかつての概念にこだわるどころか、「ヘレニズムのルネサンス」（Ch・ピカール）という表現を使いはじめた者さえいる。アレクサンドレイアの芸術は全世界に普及した。いまや、この芸術なくして、共和政期のローマ芸術も、アウグストゥス時代の芸術も説明することはできない。「平和の祭壇《アラ・パキス》」にある有名なテッルス（大地母神）の浅浮彫り《レリーフ》は、カルタゴで発掘され、現在ルーブルに所蔵されている浅浮彫りを介して、アレクサンドレイア様式に基づいているのかもしれない。

II　セレウコス朝アジアにおける都市とギリシア化

ヘレニズム時代、アレクサンドレイア、ペルガモン、アテナイは、比較的均質的であった地域（または王国）の文明をかなり正確に反映している。ところが、支配する地域が広大で、変化に富み、完全に統一されていなかったセレウコス朝の支配地域では、状況は同じではない。アンティオケイアは芸術の都市でもなければ、哲学の都市でもなかった。セレウコス朝の君主たちが成し遂げた主な功績は、都市化によって領土をギリシア化しようとしたことであり、事実、ライバルの王たちよりも多くの都市を建設した。

セレウコス朝が都市を創建したのには（次頁、図2参照）、いくつかの理由があった。まず軍事上の理由があげられる。ペルガモンや小アジアの土豪《ドュナスタイ》ならびにメソポタミアのイランやパルティアから王国を防衛し、シリアに強力なマケドニアの橋頭堡を確保するためであった。したがって、多くの都市には兵舎と城砦が整備されている。次に交易上の理由がある。セレウコス朝の主要な交易ルート沿いには、いくつかの都市が繁栄した。北方にはメソポタミア川上流地域や中央アジア方面へ向かってエデッサとニシビスがあり、中央にはメソポタミア川下流地域、イランやペルシア湾へ向かってドュラ・エウロポスやティグリスのセレウケイアがある。地中海方面へ向かっては、王国がしだいに縮小するなか重要性が増したシリアに、ピエリアのセレウケイア、アンティオケイア、ダマスコスが栄えた。最後に文化面の理由を挙げることができよう。セレウコス朝の君主は、プトレマイオス朝の伝統よりも、アレクサンドロス、リュシマコス(1)、隻眼のアンティゴノス一世の伝統に近かったので、「都市国家《ポリス》」を創設することによって領土を統合しようとした。都市国家《ポリス》は、現地住民が住んでいる地方で孤立していたギリシア人を集約化し、彼らにふさわしい唯一の生活様式を与えることができたほか、現地住民に対しても、生活水準を向上させ、社会的上昇を可能にする術を提供した。おそらく、君主たちが「民族の融合」を図ろうとしたことはなかったし、もちろん民族の融合などできるわけもなかった。しかし、多数の臣民にとってと同じように、君主たちにとっても、都市の生活が唯一の文明生活であったことは確かである。

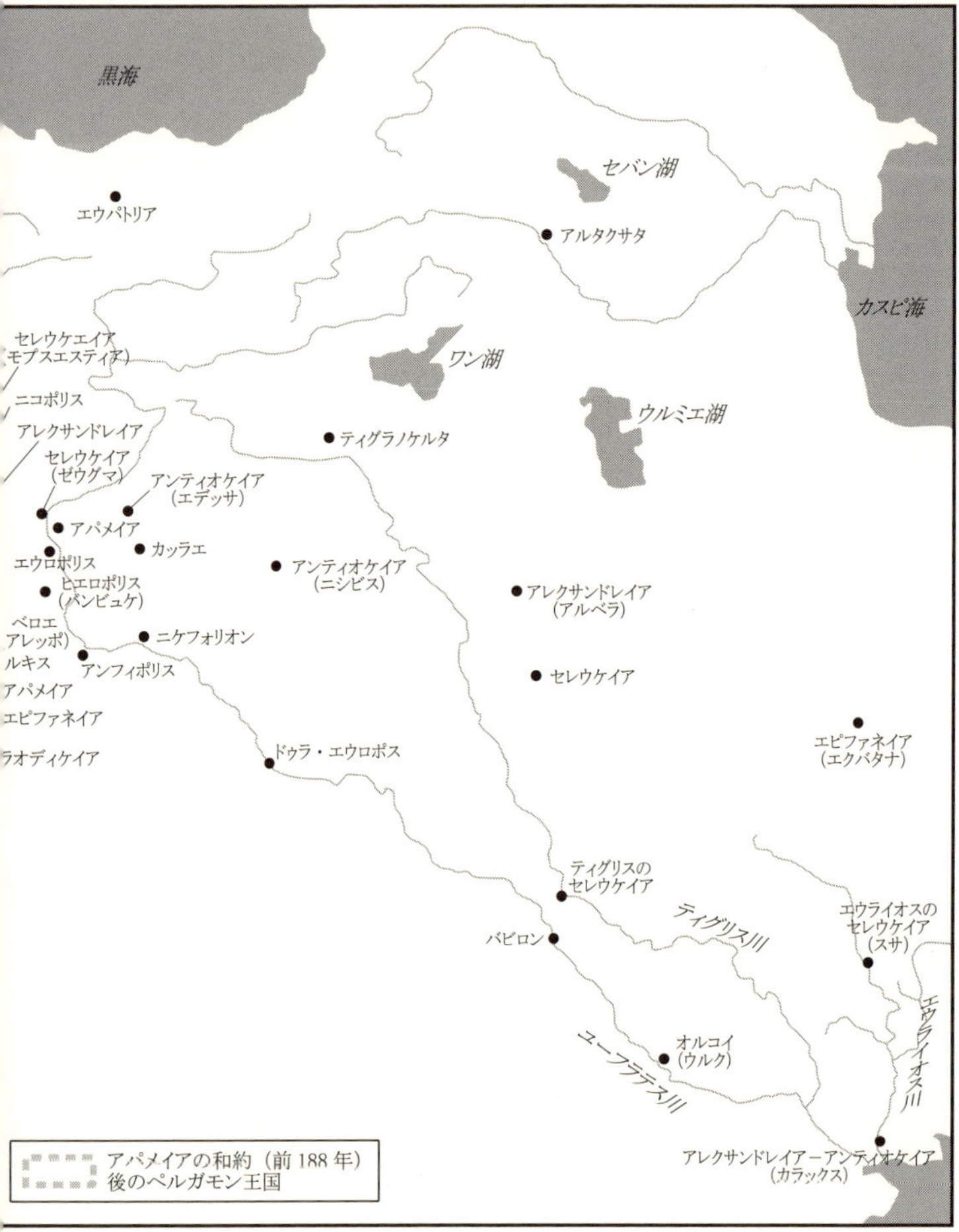

黒海
セバン湖
カスピ海
ワン湖
ウルミエ湖
エウパトリア
アルタクサタ
セレウケエイア
モプスエスティア）
ニコポリス
アレクサンドレイア
セレウケイア
（ゼウグマ）
アンティオケイア
（エデッサ）
ティグラノケルタ
アパメイア
カッラエ
エウロポリス
ヒエロポリス
（バンビュケ）
アンティオケイア
（ニシビス）
アレクサンドレイア
（アルベラ）
ベロエ
アレッポ）
ニケフォリオン
ルキス
アンフィポリス
アパメイア
エピファネイア
ラオディケイア
セレウケイア
エピファネイア
（エクバタナ）
ドゥラ・エウロポス
ティグリスの
セレウケイア
ティグリス川
バビロン
エウライオスの
セレウケイア
（スサ）
エウライオス川
オルコイ
（ウルク）
ユーフラテス川
アレクサンドレイア－アンティオケイア
（カラックス）
アパメイアの和約（前188年）
後のペルガモン王国

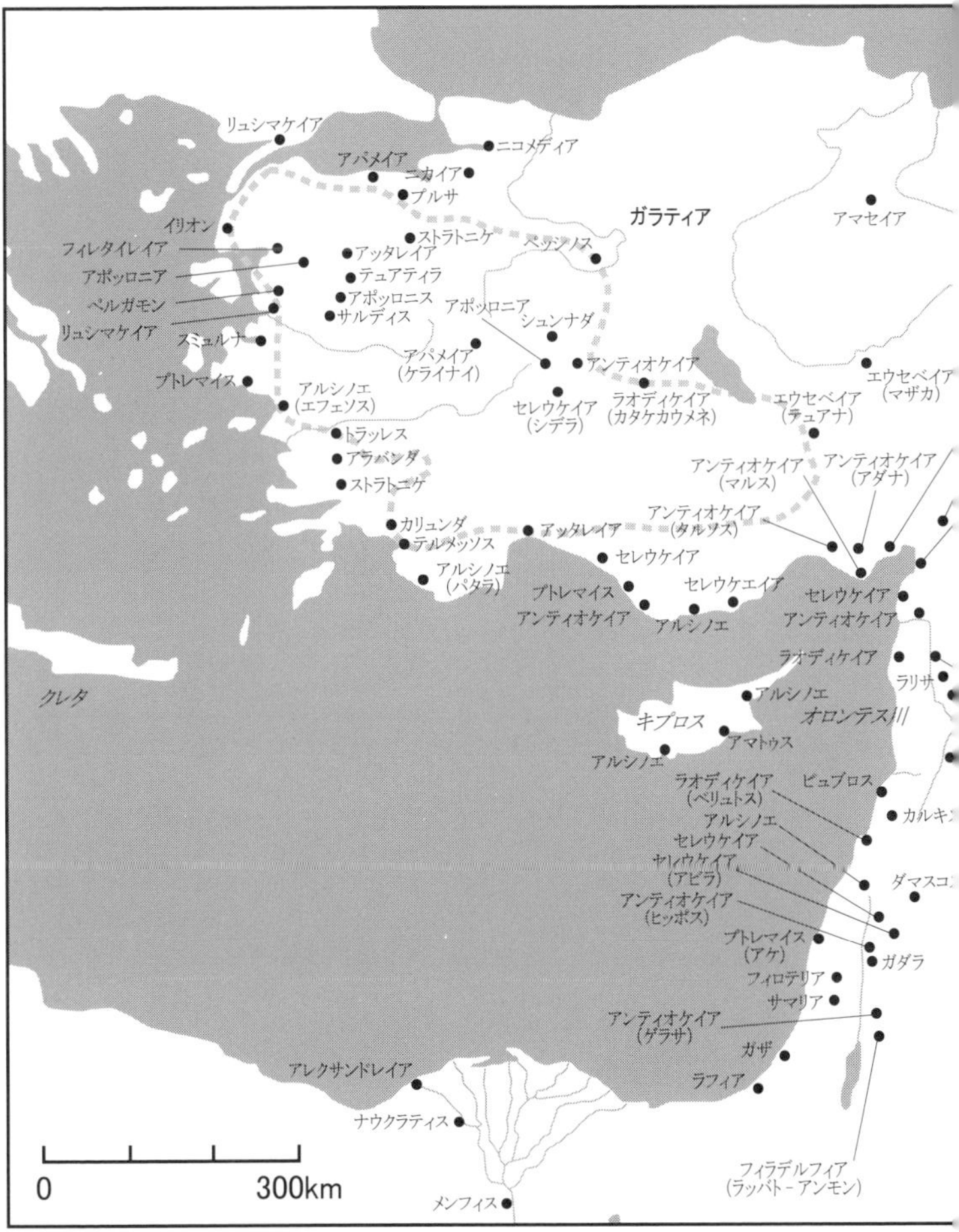

図２　ヘレニズム時代の都市建設（新設，植民地化，改名）

（1）前三〇一年、イプソスの戦いで隻眼のアンティゴノスが戦死し、アレクサンドロス帝国の分裂が決定したとき、リュシマコスはトラキアと小アジアの一部を得てリュシマコス朝を開設した。しかし前二八一年リュディア地方のクベルディオンの戦いでリュシマコスが戦死し、王国はセレウコス朝に併合された。

二人の初期の君主、セレウコス一世とアンティオコス一世の時代（前三〇〇〜二六一年）には、数多くの都市が建設された。だが、彼らの後継者の時代になると、内政・外交の両面で政治的に難問が発生したため、建設する都市の数は減少する。都市の建設が再開されるのは、ギリシア化を最も熱心に唱導したと思われるアンティオコス四世エピファネス（前一七五〜一六四年）の治世下においてである。建設された都市をすべて枚挙することはできない。そもそも、いつも新規に都市を建設したのではなく、村落の集住《シュノエキスモス》であったり、ギリシア植民市と現地住民の既存村落との並存であったりすることが多く、古い都市に王朝内の人物からとった名を付したにすぎないこともあった。

都市が集中したのは、主として次の三つの地域である。①ユーフラテス川からペルシア湾には、アンティオケイア（エデッサ）、アンティオケイア（ニシビス）、ドゥラ・エウロポス、ティグリスのセレウケイア、エウライオスのセレウケイア（スサ）、アンティオケイア（カラクス）（もともとアレクサンドレイアと呼ばれた）、新バビロニア、オルコイ（ウルク）。②小アジアには、不安定で、しばしば領有権が争われた領土があった。とくに、在留外人共同体《ポリテウマタ》か入植地《カトイキアイ》（比較的軍事的性格が強い）に編成された割当地《クレロイ》をもつ軍事植民地、ラオディケイア（カタケカウメネ）（水銀の鉱山があるため「焼けた土地」の意）、アパメイア（ケライナイ）といったいくつかの都市、ならびに古い都市で、アンティオケイア、セレウケイア、アパメイア、ラオディケイアと改称された都市があった。③多くの地名が「マケドニア化」されたシリアは、ヘレニズム時代末期には王国の物質的・精神的中心となり、たんに「シリア王国」と呼ばれる。かくして、急遽、四大都市――オロントス川河畔のアンティオケイア、ピエリアのセレウケイア（商業港・王室のネクロポリスの所在地）、アパメイア（オロントス川中流の要衝で武器の貯蔵地）、フオディケイア（王国第二の港湾都市）――が建設され、これら都市と結ばれたのが内陸部のベロエ（アレッポ）、ヒエロポリス（バンビュケ）、キュッレスティケのアンティオケイア、ユーフラテス川の湾曲部にあるセレウケイア（ゼウグマ）である。

細かく見ると違いは大きいが、これらの都市建設には、共通点、すなわちギリシア都市の外観や長所がすべて揃っていた。支配下にある現地住民の村落とギリシア市民に対する割当地《クレロイ》からなる領域は、王の権限を尊重しながらも（監督官（エピスタテス）の駐留、布告の遵守）、司法・財政・都市造営面では、ある程度政治的に独立を保っていた。とくに王権が弱体化した時代には、王は報復免除《アシュリア》、「神聖性」、「不可侵性」のような特権を認めさせられるがままであった。これらの特権によって、住民個人の自由が拡大し、王の代理人の過剰な介入から住民が護られることになった。

これらの都市における関心の的は、都市の環境や生活様式である。これまでに研究された新設都市は、そのほとんどがヒッポダモス方式のプランに基づいて建設されており、直交する碁盤目状の通り、整った居住街区、比較的幅員の広い基幹道路をもち、ほぼ中央部に広く空いた空間のアゴラ（公共の広場）を配し、その三方は、名望家《ブレウテス》に諮問するための評議会場《ブレウテリオン》、劇場、競技場《スタディオン》、倉庫、屋根つきの市場、神殿といったいつもお馴染みの公共建造物に囲まれている。軍事都市け立派な市門を備えた市壁で囲まれており、守備隊用の城砦や軍事司令官《ストラテゴス》の官舎がある。これらの都市には実用的なプランが採用されているので、地形の条件（台地、アクロポリス、川や峡谷）は異なっても、互いに似通っていて、ペルガモン（後述）のような壮大もしくは美麗な都市計画には関心を示さない。多くの場合、実用的で、素早く造られた都市であり、工事が終わっていない場合もあった。

都市建設は、軍事の観点、なかでも商業の観点から、素晴らしい成果を挙げたとしても、政治的には微妙なところがあった。いたるところに都市生活を導入することによって、王は、みずからの権力の障害であった現地住民の枠組み（部族、地方の土豪、神殿国家）を弱体化させ、下賜されていた土地の一部を取り戻した。王は意識的に、王の名でギリシア流に管理される王領地《ゲ・バシリケ》を統括する都市の集合体（あるいは都市の連合体のようなもの）をつくろうとしていたのではないか、と考える者もいる。都市の諸制度を充実することによって、プトレマイオス朝型の官僚制の経費を削減できたのかもしれないし、ある程度まで国の下部行政機関の欠如を補っていた。しかし他方、都市の所有地は王領地《ゲ・バシリケ》から割り当てられるので、王領地の面積が減少し、その結果、君主にとっては税収減を招いた。諸都市が納める貢納（租税（フォロス）、入市税、間接税）の額が王領地農民《ラオイ》が物納する地代に及ばなかったからである。王は都市の税負担を軽減し、都市の公共工事に補助金を支出する。王権が弱体化するとともに、紀元前一世紀になると、諸都市は、長いあいだ、通常ローマやティグラネス一世[1]に対抗することに忠実に支持を表明しながら、さらに多くのことを要求した。しかし、紀元前一五〇～一四五年頃、シリアの主要四都市は、アレクサンドロス・バラス[2]政権にとって危険な、一種の連合を結成した。アンティオケイアは数回反乱を起こす。

（1）アルメニア王。ポントス王ミトリダテス六世と同盟して、ローマに対抗した。
（2）アンティオコス四世の子と自称。この王のときに内戦が起こり、セレウコス朝の解体を早めた。

プトレマイオス朝は都市の自治精神に関して悩むことはなかった。海外領土で都市の「名称変更《メノマトシア》」を行なったことを除くと、事実上、ほとんど都市を建設しなかったからである。最も注目すべきはキュレナイカの都市である。バルカ港が首都の地位を奪って、プトレマイスと改名され、タウケイラはアルシノエ〔現トゥクラ〕となり、エウヘスペリデスは紀元前二四六年にベレニケ（現ベンガジ）と改称された。しかしその代わり、セレウコス朝は、エジプトのデルタやテーバイ地方を荒廃させたような民族主義者や農民の反乱を経験しなかった。それゆえ、都市は現地住民にとって重要な役割を果たしていたのである。とくにシリアのようにギリシア化が進み、交易が盛んな地域では、現地住民の一部が都市へ流入した。そのため、これらの都市では、すでに多かった人口がさらに増加する。紀元前三〇〇年に一万人の入植者が割当地《クレロイ》をもらったアンティオケイアは、のちにギリシア人、とくにシリア人の移住によって、ヘレニズム時代末期には、人口はおそらく四〇万に達した。アパメイアの市民はもともと六〇〇〇人であったが、おそらく一〇万人を超えていただろう。これら現地の住民は、同化を奨励する環境のもと、ギリシア風の生活をすることによってギリシア化したのである。

それ以外の都市では、みずからの村落や王領地《ゲー・バシリケ》に留まっていた村民は、いかなる行動を起こす手段ももっていなかったので、都市のブルジョワはこれら村民を隷属させ、劣位の地位に置いて、秩序を維持した。都市は、現地の農民に対しては、階級の連帯意識から王の同盟者であった。しかし、これら農民のギリシア化は強く抑制されていたので、セレウコス朝は、都市の忠誠は確保できたものの、ローマ人の支配下に入っても、けっして農村部を味方にすることはできなかった。これがこの王朝の抵抗力を弱めたのである。ギリシア諸国は、自由な民主主義の時代（たとえばアテナイ）を除いて、つねに農民を軽視し、都市の住民のみを優遇していたので、脆弱であった。しかし、ローマ帝国も同じであり、この点ではヘレニズム時代の伝統を継承していたのである。

もっとも、都市においてもギリシア化は不均等であり、「見た目」はもとと変わらなかった。ただ一つ共通している特徴といえば、どこでも、オリエントの古い信仰とくらべて、ギリシアの宗教が幅を利かしたことはなく、公式の神ゼウスがシリアのハダド神やメソポタミアのベル神の姿で表現されることが多かったことである。そのほか、テクスト・碑文・人名研究・考古学資料によって、ギリシア化が実際どの程度進行していたかが明らかになっている場合もある。

ギリシア化が最も進まなかったのはバビロニアである。この地方は紀元前二世紀中葉にパルティアによって占領されたし、往年のカルディア文明の特異性がとくに強かったからである。そのうえ、セレウコス朝はこの文明を優遇することによって、イランやゾロアスター教の影響を受けないようにしようとした。アッカド人の宗教と言語が奨励され、古い神殿が修復された。バビロンのエサギラ〔都市神マルドゥク〕の神殿、ボルシッパ〔在・現バビロン南方〕にあるマルドゥクの子ナボ（かつてアスルバニパルで、とくに慈しまれた神）の神殿、シュメール地方のオルコイにあるその他の神殿も修復された。楔形文字は長く生き残り、いずれにしてもアラム語は、ギリシア語をまえにして、けっして廃れることはなかった。この地方では、ギリシア人そのものが少数派であったので、現地住民と混血することになった。人名が入り混じっていることによって、それがわかる。ティグリスのセレウケイアは、多くの現地住民が移住してきていたが、比較的ギリシア化が進んでおり、パルティアのもとでも繁栄を遂げた。もっともパルティアはヘレニズムの威光に理解があると自称しており、長いあいだ、ヘレニズムに寛容であり、それを排斥したりすることはなかった。

アレクサンドロス帝国の東部国境では、大王自身かセレウコス一世が、現在のアフガニスタンのオクソス川〔現アム・ダリア川〕渓谷東岸のアイ・ハヌムに都市を創建した。アイ・ハヌムは、灌漑の行き届いた豊かな農業地帯の中心にある地で、コクチャ川渓谷のラピス・ラズリ〔瑠璃〕鉱山の近くにあり、オクソス川とコクチャ川の合流地点に、東の辺がアクロポリスに接し、他の二辺（それぞれ一・八と一・五キロメートル）が川に面した三角形の空間である。西方の下町には、広い宮殿があり、正面に一三七×一一八メートルの前庭があって、一一八本の柱で飾られている。日乾しレンガ建築のなかにあって、この柱だけが切石の部材でできている。首都としての役割は、体育場《ギュムナシオン》・劇場（バビロンの劇場より大きい）・武器庫によって強調されている。そのうえ、墓廟が二基ある。その一つは都市創建者の一人キネアスの墓廟であり、その墓碑にはデルフォイの金言が記されている。この都市の性格がきわめてギリシア的であることは、図書館があったことからでもわかる。人名研究によって、マケドニア人の入植者がいたことが明らかになっているが、イラン系の住民も住んでいた。家屋の中心部には居間があるが、中庭があるわけではない。最も重要なギザギザの飾りがついた壁龕をもつ神殿は、イランの宗教建築に由来する。

この都市は、おそらく、バクトリア王[1]であったエウクラティデス（前一七〇〜一四五年）に因んでエウクラティディアと呼ばれていたのであろう。[2] 遊牧民がこの地域をふたたび支配し、アイ・ハヌムを消滅させてしまう少しまえのことであった。

（1）前二五〇年頃、バクトリア州総督（サトラペス）のディオドトスが樹立した独立王国。
（2）アレクサンドレイア・オクシアナ（「オクソス川のアレクサンドレイア」の意）ではないかとの説もある。

最もよく知られ、最も興味深い都市は、おそらくドゥラ・エウロポスであろう。その発掘では素晴らしい成果が得られている（次頁の図3参照）。この都市のプランはまさにセレウコス朝のものであり、碁盤目状の道路、市壁、要塞があり、公共建造物に囲まれた広いアゴラ（公共の広場）が設けられている。ユーフラテス川の沿岸に位置するという交易上の役割から、住民と文明はまったく寄せ集めであり、この性格はパルティア時代でも、ローマ帝国時代でも変わらなかった。人名研究によって、ギリシア系住民とバビロニア人・ペルシア人・シリア人とが混血していた事実が明らかされているが、時の経過と当地の女性の影響によって、外形（交易の規約、相続法、エリート教育）は西方的であるが、最終的にはアジアの流儀がギリシアの流儀を圧倒していた。

この都市はセレウコス一世によって、まず戦略上の拠点として、ついで交易の拠点として建設された。入念な計画のもとに建設されたが、ローマ人が到来するまでに工事は終わっていなかった。都市の諸制度はギリシア方式である。評議会《ブレ》があり、民生担当の政務官《ストラテゴス＝アルコン》や王の監督官《エピスタテス》がいた。市場監督官《アゴラノモス》、財務官《ホ・エピ・トン・プロソドン》、穀物供給官《シトネス》も知られている。ギリシアに由来する神々（アポロンとアルテミス、ゼウ

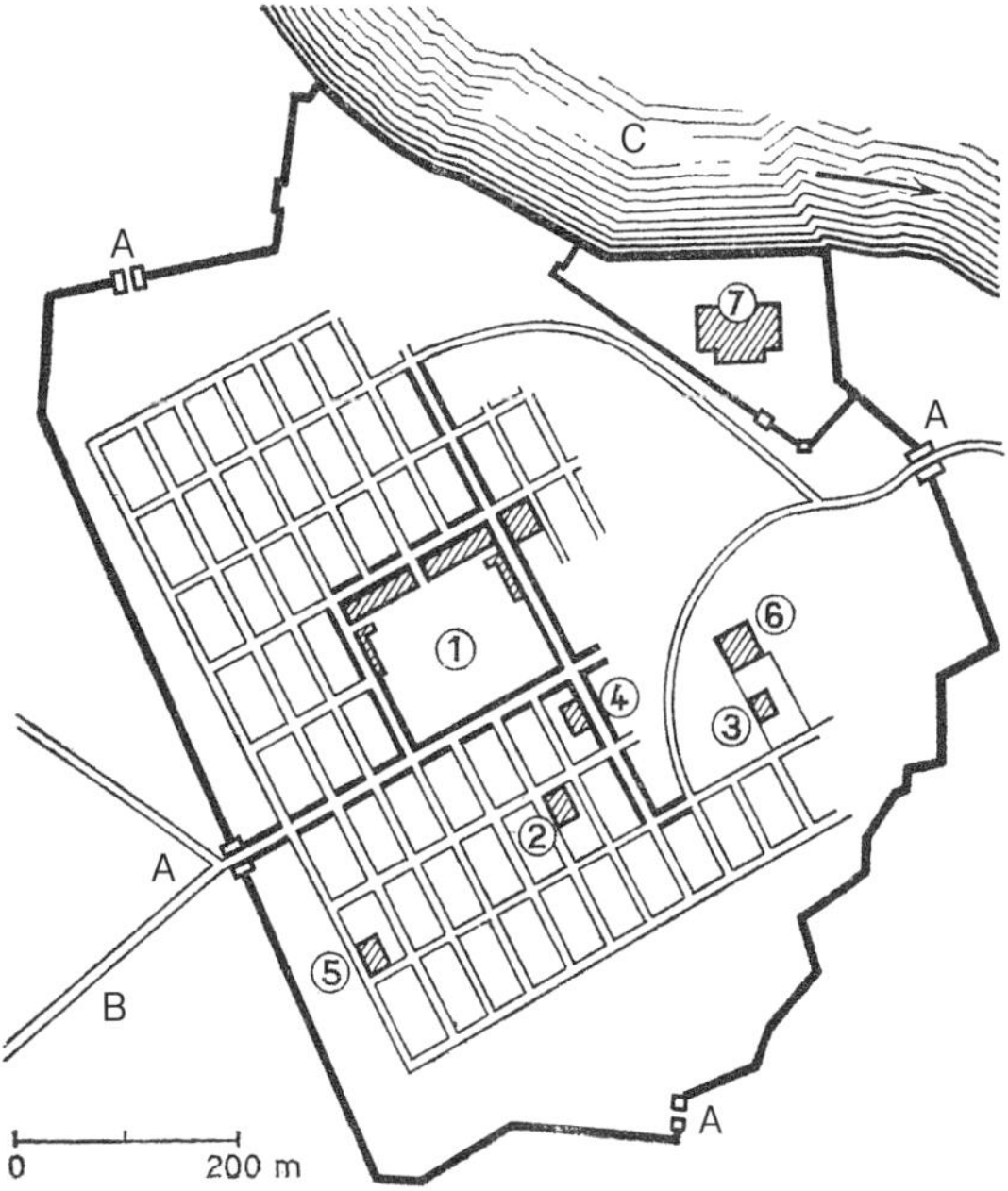

① アゴラ
② ナナイア神殿
③ ゼウス・メギストス神殿（オリュンペイオン？）
④ ガド神殿
⑤ ゼウス・キュリオス神殿
⑥ 軍事司令官の幕舎
⑦ 要塞

A 市門
B パルミラへの道路
C ユーフラテス川

図3　ドゥラ・エウロポス

ス・メギストス）に奉献された神殿が数多くあり、ローマ時代になるまで、王に対する祭祀は特別の神官によって執り行なわれていた。おそらく当初の住民はマケドニアの軍人であり、割当地《クレロイ》を与えられていた。出土した羊皮紙によると、相続人がいない場合、割当地は王に返還することになっていた。都市の周辺部では、現地の住民がこの割当地《クレロイ》（ドゥラ・エウロポスでは「エカドス」という）を市民のために耕作していた。市民はあまり多く住んでおらず、多少ギリシア化された現地住民の商人が多数いるなかに埋没していた。ドゥラ・エウロポスの芸術や宗教は混淆《こんこう》しており、とりわけオリエント風であった。それでも、この都市は、ギリシア式の公的活動や知的活動とともに、長く生きながらえた。パルミラ同様、その全盛期はローマ時代になってからである。

シリア北部はギリシア化が顕著であり、最後まで王国の心臓部であった。アンティオケイアが第一位の都市として突出しており、交易・政治・文化の中心地である。アレクサンドレイアに次ぐヘレニズム時代の大都市であったが、知的面・芸術面での輝きはなかった。この都市はアンティオコス四世エピファネス（前一七五〜一六四年）のとき最盛期に達した。この王は街区を造成することによってこの都市を拡大し、豪勢な祭礼（ポリュビオスとアテナイオスが描写した紀元前一六七年のダフネ〔在・アンティオケイア南方〕での競技）を催し、君主礼拝の中心地とした。王はこの地において奇行で住民を悩ませるが、すでに名を馳せていた金銀細工師の工房を訪れ、職人を誉め称えた。

「彼はしばしば廷臣たちに知られることなく、連れの者を一人か二人伴って宮廷を抜け出し、都市をくまなく徘徊した。金細工師や銀細工師の店でよく見かけられ、彫金工やその他の職人を相手に、長談義をしたり、技を披露したりした。身を落として、出会った男と言葉を交わすこともあれば、きわめて下賤な外人とも酒を酌み交わしたりした」〔ポリュビオス『歴史』二六、一、二〜四、アテナイオス『食卓の賢人たち』五、一九三参照〕。「しかしながら、二つの重要な点で、彼は本当に王にふさわしい心意気を見せた。それは都市の造営と神々に対する信仰である。……アンティオケイアにおいて、ユピテル・カピトリヌスに対し豪華な神殿を建設した。その天井には金箔が張られ、壁面はすべて金で覆われていた。……どの見世物も豪華であったので、彼よりまえの王の影が薄くなった。見世物は、彼自身がいつもやっていたように、ギリシアから大勢の芸人を招いて催された」（リウィウス、四一、二〇）。

アンティオケイアは、紀元前三〇〇年にセレウコス一世によって創建され、シルピオス山とオロントス川のあいだに階段状に広がっている。市壁はあったが、詳しいことはわかっていない。おそらく完成していなかったのだろう。壮麗な市門があり、三つの街区に分かれていた。二つの街区は当初からあったもので（一つはマケドニア人とギリシア人の街区、もう一つは移住者の街区）、三つ目の街区はオロントス川に浮かぶ島にあり、アンティオコス三世大王が退役兵のために設けた街区である。アンティオコス四世エピファネスは、新たに住民を受けいれるため、シルピオス山の傾斜地にエピファネイアという街区を造り、アゴラ（公共の広場）を設け、評議会場《ブレウテリオン》や詩芸の女神《ムーサ》の神殿を建設した。工事はおそらくローマ市民（おそらく解放奴隷）のコッスティウスに委託された。彼は王の命令によってアテナイのゼウス・オリュンペイオン神殿も建設した。アンティオケイアの通りは直交しており、中心の通りはきわめて長く、幅員もきわめて広くて、川に平行して走っていた。のちにヘロデ大王やティベリウス帝が素晴らしい列柱でこの通りを飾ったが、長いあいだ、間違ってアンティオコス四世が建造したとされていた。

当初の住民はマケドニア人であったが、すぐにギリシア人が各地から来住した（アテナイ人も来た）ので、アンティオケイアは都市国家《ポリス》の制度を備えていた。部族《フュレ》、評議会《ブレ》、同僚制《シュナルキア》のアルコン、君主礼拝を司る神官で構成されていた。首都に大勢いた役人・軍事司令官《ストラテゴス》・州総督《サトラペス》は、少々都市の自治の障害となっていた。ギリシア人の住民はみずからが受けた教育を誇りとしており、紀元前二四六年以来、「体育場出身者クラブ《アポ・トウ・ギュムナシウ》」を結成する（グローブのパピルス）。非ギリシア人は、独自の司法・宗教制度や役人をもつ在留外人共同体《ポリテウマタ》に組織されていた。その最大のものが、きわめて大勢いたシリア人の共同体であり、これにユダヤ人の共同体がつづく。ユダヤ人は都市の南西部に集住していて、普段はおとなしかったが、アンティオコス四世エピファネスに懸念を抱かせることになった。彼がマッカベアの時代に公然とイェルサレムと戦ったときのことである。

アンティオケイアのいつも変わらない性格——豊かさ、贅沢趣味、街路の雑踏——は、交易活動に由来する。繁盛していたのは貴金属や織物関係の仕事である。知的・芸術的活動はあまり知られていない。アンティオコス三世は、アレクサンドレイアと同じように図書館や学術研究所を建設し、その長に詩人であるカルキスのエウフォリオンを任命した。彼の治世下では、好古学者ヘゲシアナクス、ストア派の哲学者アポッロファネスが知られている。紀元前二世紀末には、アンティオコス九世も同地に学術研究所と図書館を建てたようである。しかし、文学・哲学・芸術のどの分野でも、アンティオケイア派という言葉は聞かれない。かの有名な《アンティオケイアの運命の女神《トュケ》》（この都市の守護神）の彫像は、その功績よりもそれがたどった運命のほうが輝かしいが、ロドス派の巨匠エウテュキデス〔前三世紀初頭、リュシッポスの弟子〕の作品であった。当地の修辞学教育の施設が国際的に有名になったのは、ローマ時代になってからである。

Ⅲ　ペルガモンのヘレニズム

小アジアでは、ギリシア化は、不均等ではあるが、はるかに進んでいた。古くからギリシア人が住んでいたエーゲ海沿岸では、プリエネ、スミュルナが新たに繁栄を遂げる。なかでもエフェソスが繁栄した。エフェソスは、短期間プトレマイオス朝の領土であったが、その後、スサからサルディスへ向かう「王の道」のセレウコス朝領内の終着点となり、紀元前一八八年以降はペルガモンの港となって、のちにローマのアジア属州の首都となった。

近年のオーストリア隊の発掘によって、リュシマコスが再建したエフェソスの一部が復原された。かつての港が砂に埋まっていた。現在、港とアゴラ〔公共の広場〕のほかに、ヘスティアの祭壇や市庁舎《プリュタネイオン》のある地区〔通称「上のアゴラ」〕が知られている。この地区は民生や宗教の面で重要であり、港やアゴラがある交易の中心地区と対置されている。紀元前五世紀以来行なわれている、ミレトスに見られるような街区の機能配分は、ヘレニズム時代の再建時に遡るらしい。ペルガモンは、住民から過酷な形で財産を収奪することによって、有名なキストフォロス銀貨〔次頁参照〕を鋳造した。このペルガモンの優遇を受けて、エフェソスはその小アジアへの入口の港となった。ここの宗教は、かの有名なアルテミス神殿〔世界七不思議の一つ〕およびその遊女と宦官によって、この地がすでにオリエントであることを想い起させる。セレウコス朝やペルガモンによって内陸部に多数の都市が建設されたことは、ヘレニズムの発展を証明しており（六四～六五頁、図2参照）、それは近代以降の発掘やL・ロベールの研究――『小アジアの都市』（一九三五年）、『アナトリア研究』（一九三七年）、『小アジアの資料』（一九八七年）――によって確認されている。

ペルガモンは人工国家と言ってよいだろう。この国は、リュシマコスの財宝を管理していた不誠実なフィレタイロス[1]の背信行為から生まれ、初期の王たちによって営々と拡大され、ローマのおかげで強国となった。ローマは、紀元前一九〇年から一八九年にかけてアンティオコス三世に対して勝利を収め、紀元前一八八年のアパメイアの和約において、ペルガモン王エウメネス二世に対し、自由市を宣言した沿岸部のいくつかの都市を除き、トロイア地方からタウロス山脈まで、フリュギア地方からテルメソス〔トルコの現フェティィエ西方〕まで、小アジアの大部分を与えた〔版図は図2参照〕。しかし、この王国は、紀元前二四〇年にアッタロス一世、紀元前一八二年と一六八年にエウメネス二世がガラティアに対して勝利を収めたことによって、ヘレニズム王国として認められた。この勝利は、のちのキケロの執政官職のように、理由あることとはいえ、人びとは賞賛してやまなかったのである。

（1）前三〇二年までアンティゴノス一世に仕え、ついでリュシマコス配下でペルガモンの指揮官となり、同地の莫大な財宝を管理していたが、前二八二年セレウコス一世に寝返り、セレウコス朝の宗主権のもとでペルガモンの支配者となった。前二七八～二七六年、ガラティア人の侵入に対しペルガモンを防衛し、アッタロス朝の基礎を築いた。

この王国の組織や開発事業の細かな点はわかっていない。とくに初期、アパメイアの和約〔前一八八年〕によって拡大する前のことは知られていないのである。原則として首都は自治のもとに置かれ――王はルイ十一世(1)風につましく振舞う第一の市民であったにすぎない――、干戈を交えることなく得た地域は多種多様であり、対外問題を多く抱えていたにもかかわらず、王は絶大な権力を有し、きわめて豊かであった。確かに、支配下に置かれていた古くからの都市、いくつかの新設都市ならびに神殿国家は大地主であったが、これらが存在していても、王が広大な土地を領有することの妨げにはならず、隷属する王領地農民《ラオイ》が耕作していた。都市は軍事司令官《ストラテゴス》（五人いた）や意欲的な監督官《エピスタテス》によって治められ、高額の貢納金を納め、しばしば罰金を徴収された。罰金は王の補助金で補填されたが、そのため都市はさらに王に従属することになった。手工業がよく整備されていて、王の独占品（羊皮紙、織物、香料）があり、奴隷を使役する工房があった。長いあいだプトレマイオス朝と同盟を結び、セレウコス朝やマケドニアと対抗していたので、アッタロス朝はアッティカの基軸通貨を維持しながらも、エジプトの重商主義的手法の影響を受けて、アイギナ、デロス、キュジコス、シノペ、ロドスと密接な関係を保っていた。コインに刻印された「ディオニュソスの聖具箱《キステ》」に因んで命名されたキストフォロス銀貨は、きわめて珍重された。

（1）フランス国王（一四六一～一四八三年）。質素な生活で有名。

ペルガモンの君主たちのヘレニズムは真面目で現実主義的なものであったが、欲がなかったわけではない。異民族《バルバロイ》のガラティア人に立ち向かうギリシア人気質を擁護しているのに、破廉恥にもガラティア人を徴募して、小アジアで他のギリシア人と戦った。セレウコス朝と異なり、あまり多くの都市を建設しなかったが、とくに入植地《カトイキアイ》を設けて、傭兵の退役兵を多数定住させた。ギリシア本土の都市（アテナイ、デルフォイ、オリュンピア）に祭壇や列柱廊を寄贈したり、デロスを保護したりしたが、これらの政策には多分に宣伝の要素があり、その目的とするところは、ローマとの友好関係を保っていることから生じる激しい憎悪を緩和することにあった。自国でヘレニズムを推進しようとしたのは、王国の統一を強固にしなければならなかったからであり、苛斂誅求を行なう冷酷な「僭主」として振舞うことを妨げるものではなかった。王たちはストア哲学の教えを認めず、臣民に対して圧政を敷き、アッタロス三世の死後に発生したアリストニコス率いる反乱が示すように、圧制は貧者・農民・奴隷には耐えがたかったようである。ヘレニズムを擁護していた王たちは、支配下にある諸都市の自由よりもラテン人社会の堅固な保守主義のほうを好み、紀元前一三三年、アッタロス三世は自国をローマに遺贈した。

しかし、アッタロス三世は、遺言で解放した奴隷に対するがごとく、ペルガモンに自由を与えた。これら君主が首都ペルガモンに対して抱いていた関心の高さを示している。この首都は王たちの栄光、今度はまさにギリシア的な栄光の最も美しきタイトルであった。宗教政策は、近隣のオリエントの宗教の影響を受けており、祖先にパフラゴニア人のボアがおり、女王がカッパドキア人のストラトニケ（エウメネス二世の妻）であったことが影響していたとしても、彼らが熱心なメセナによって助成した文明は、まさにギリシア的であり、いたるところで称賛された。

ペルガモンは、アレクサンドレイアについで、おそらくアレクサンドレイアの図書館を妨害することなく、蔵書四〇万巻の図書館を有していた。蔵書には文学よりも、好古学や科学関係のものが多かった。君主たちは農学書を著わす。詩人はいなかったが、好古学者、文献学者、プラトン哲学の一学派やカルネアデスの信奉者たちがいた。どこでも「ディオニュソスの芸人たち《テクニタイ》」（八八頁参照）やその興行は手厚く保護されていた。最近の研究では、ペルガモンを彫金工芸の一大中心地と考える傾向があるが、モチーフが絶えず手直しされていたので、アレクサンドレイアとペルガモンの彫金工芸を区別することが難しい場合が多い。ペルガモンは小アジアの豊かな鉱物資源に恵まれており、銀細工で有名で、その金属容器は黒海周辺、ロシア南部、小アジアの諸都市、デロスやイタリアで発見されている。陶器は型に嵌めてつくられた浅浮彫り《レリーフ》によって金属の打ち出し加工のモチーフをまねており、赤地の「サモス陶器」や「メガラ陶器」から着想を得ていて、アレッツオの陶器の出現を予告している。後一世紀、アレッツオの陶器は西方で広く普及した。これに続くのがガリアのテッラ・シギラタである。他方、ペルガモンの港エライア近くのミュリナで作られたテラコッタ製品は、ボイオティア地方のタナグラの製品ほど優れたものではないが、種類が豊富であったので、キュレナイカの製品と同じように有名であった。

ペルガモンが誇る貢献は、ギリシアの偉大な伝統芸術である石の芸術、すなわち建築と彫刻にある。王たちは、ゼウス、アテナ・ニケフォロス（勝利をもたらすアテナ）やディオニュソス・カテゲモン（導いてくれるディオニュソス）の加護のもと、みずからの首都をアジアのアテナイにしようとした。「アテナイのアクロポリスの格を少し下げるのではなく、それをはるかに凌駕しよう」（Ch・ピカール）としていたことは明らかである。自然地形はきわめて美しく、防衛に適している。険しい丘が二つの谷間に聳え、カイコス川〔現バルキル川〕の肥沃な平野へ広がる長い斜面を見おろしている。そこには三つの都市が重畳的に建造されていた（次頁、図4参照）。まず、最もよくわかっていない下市では、大半の住民が発掘調査で発見されたアゴラ（公共の広場）の周辺で暮らしていた。その上にある中市には、体育場《ギュムナシオン》、競技場《スタディオン》、ヘラの聖所、デメテルの聖所といった公共建造物が丘の斜面に段状に重なっている。最後に、上市であるが、ずいぶん破壊されてはいるものの、こんにちヘレニズム時代のギリシア世界で最も美しい建築群からなるアクロポリスである。それは半円形の荘厳な階段席と高台《テラス》からできており、第一級の記念建造物としては、有名な大祭壇があったゼウスの聖所、(1) 半神廟《ヘロイオン》、アテナの聖所と神殿、劇場とその細長い広場と列柱廊があり、壮大で見晴らしのよい位置に図書館、頂上には、もちろん神々の建物よりもつましい王宮や倉庫・武器庫が設けられている。その全貌は、H・シュライフがベルリンで制作した立体模型（E・ローデ『ペルガモン、城市と祭壇』ベルリン、一九六一年）によって、はっきりと概観することができる。

（1）ここの大祭壇はベルリンのペルガモン博物館に復原されている。

これらの建造物の歴史を完全にたどることはできないが、フィレタイロスやアッタロス一世の時代に遡る最古のものを除くと、主要な建造物はエウメネス二世時代のものとされている。この王は、時間と資金をもっていたし、そのうえ、おそらく紀元前四世紀のハリカルナッソスの霊廟《マウソレイオン》〔世界七不思議の一つ〕が彼の建築家たちに与えたと考えられる堅実な見識を有していた。ここで目立つの

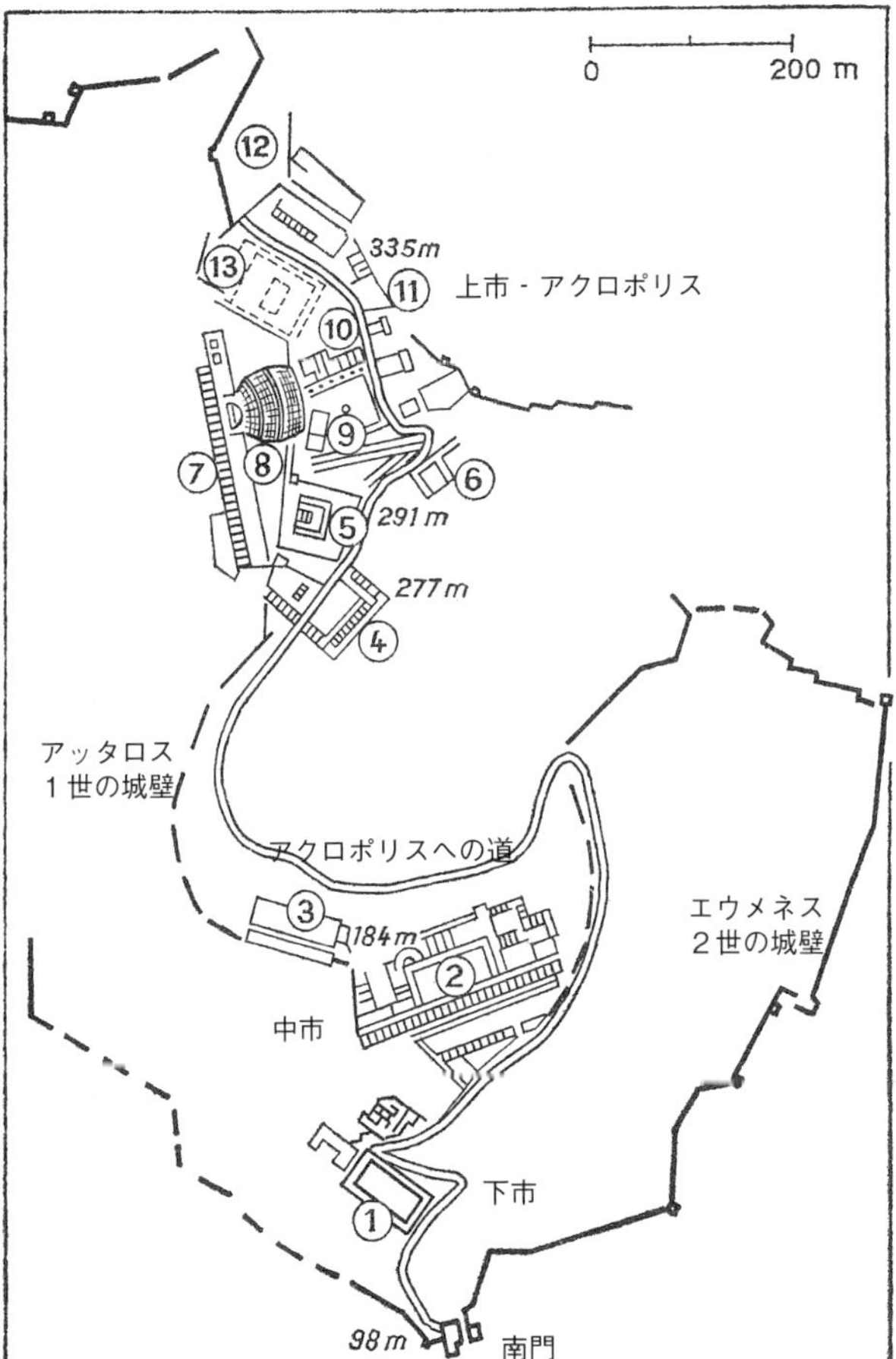

① 下のアゴラ　② 体育場，競技場，列柱廊，ヘラの聖所
③ デメテル神殿　④ 上のアゴラ
⑤ ゼウスの聖所と大祭壇　⑥ 創建者の半神殿（？）
⑦ 劇場の広場と三層の列柱廊　⑧ 劇場
⑨ アテナの神殿と聖所　⑩ 図書館
⑪ 宮殿の建物　⑫ 武器庫と倉庫
⑬ トラヤヌス神殿（ハドリアヌス時代）

図4　ペルガモン

が、パルテノンのように孤立した建造物とは異なり、風景を大切にし、幾層にも積み重なった高台《テラス》上に建物を配置していることである。これらの高台は主要な道路と記念建造物の階段（穹窿になっている場合がある）によって結ばれており、全体が自然の階段席の周囲に半円状に配置され、その階段席が劇場となっている。列柱廊が果たしている役割は見事である。この列柱廊は、自然の高台を整備したもので、高台上に長く伸びていて、数階の築堤によってできた谷を見おろし、その壁は堅固な扶壁《パラミット》に支えられて風景と一体化し、この扶壁によって単調にならないよう配慮されている。列柱廊の下の階には倉庫が配置され、高台の水準の階には列柱廊が配されて、列柱廊のどこからでもカイコス川の谷を見渡すことができる。柱式《オーダー》は、古典期の伝統に基づいて、小規模な建物では、大半がドーリア式、上階はイオニア式である。古代ギリシアの単純性に配慮して、風景を自然の線に従わせ、全体の調和を図り、実用的で、全景を広く見渡せるのを好んだこと、以上がペルガモンの建築の特徴であり、スッラがローマやプラエネステ（現パレストリーナ）の建造物（後述）を建てるまで、当時比肩しうる建築はなかった。

この建造物群に刻まれた彫刻装飾もギリシア芸術の頂点の一つである。表現主義の大胆さ（感情を亢進させるような表現、スコパスやハリカルナッソスの霊廟の遺産？）が数多く表現されており、理性的な厳しさはあまり感じられない。そのなかの最も古い前三世紀中葉の作品（ローマがその断片を収集）は、ガラティア人に対する勝利を不滅のものにしている（《瀕死のガリア人》、《アッリオスとポエタ》）。これらの作品では、メロドラマ的なロマンティシズムの色彩を帯びた、民族の違いを表現する写実主義が認められる。この「ペルガモン派」では、ゼウスの大祭壇の壁面に彫られた帯状装飾《フリーズ》がとくによく知られている。これには、神々と巨人族との戦い――ドラマチックに扱われた古典期のテーマ――が、筋肉、衣の襞《ドレーパリー》、激しい感情を見事に刻出することによって表現されている。さらに古典的なのが、ゼウス大祭壇の壁面に刻まれた、ペルガモン王朝の神話上の創建者であるヘラクレスの子テレフォスの帯状装飾《フリーズ》である。王宮の部屋についてはほとんど何もわかっていないが、床にはモザイクが張られていた。たとえば、ヘファイスティオンと署名されたモザイクは、まさにペルガモン的というよりヘレニズム的である。中央に紋章《エンブレマ》があり、縁は様式化されたブドウ、アカンサスの葉、さまざまな花、イナゴ、蝶で飾られている。モザイク職人はアンティオケイアやアレクサンドレイアで仕事をしていたシリア人であったのかもしれない。

しかし、建築家自体はペルガモンの出身者であり、こんにち名前は知られていないが、有名であって、王たちによって他所（アテナイ、デルフォイ）へ派遣され、派遣された地で祖国の誉れとされる豪華な列柱廊を建てたくらいであった。

第三章　ヘレニズム時代の宗教

I　新しい精神

東方世界における政治・社会・経済の変化が、宗教活動に深刻な影響を及ぼしたことは想像に難くない。公民の宗教は、紀元前五世紀に隆盛を極め、紀元前四世紀にはすでに危機に瀕していたが、諸々の都市がほぼ完全に独立を失ったにもかかわらず、生き残っていた。実際、この領域では伝統が根強かったのである。公的な祭礼や儀式は、神官が祭祀の仲介役を演じていて、アテナイでも、奴隷の解放を取りしきっていたデルフォイでも、続けられており、他の汎ギリシアの中心地でも同じであった。いまだ自由を享受していた都市では都市の守護神に対する信仰がつづいていたが、その宗教は硬直化する傾向があった。地方古来の伝説の研究も続けられていたが、それは好古学の一分野として行なわれていた。アテナイの壮丁教育《エフェベイア》〔青年の愛国的な軍事・市民教育制度〕は、とくにその保守的な考え方によって、宗教に端を発した痕跡をとどめている。要するに、かつて行なわれていたような国をあげての祭祀はますます人びとの心性に訴えるものがなくなったので、人びとはそれ以外の、もっと効果が期待できる、つまり勝利をもたらしてくれる保護神を捜し求める。すなわち、王たちが神々に代わる。王たちのほうが強力であり、目に見えるからである。アテナイやロドスのような純粋にギリシア的な都市が、最初にデメトリオス・ポリオルケテス(1)やプトレマイオス一世ソテル(2)を「救済神《ソテル》」――すなわち「臨在《パルシア》」することによって顕現《エピファネス》している新しい王――として神格化したのである。

(1) 前三〇七年、デメトリオス・ポリオルケテス(攻城者)がカッサンドロス軍を撃破してアテナイを占領すると、アテナイ市民は彼とその父アンティゴノス一世を救済神として神格化した。市民が自分たちの政治的利益を求めて、神格化したのであり、国王が定める君主礼拝とは区別すべきであるとされる。

(2) ロドスがプトレマイオス一世を神格化した事情については、一五頁以下を参照のこと。

「ほかの神々は遠くにいらっしゃるか、聴く耳をお持ちでなく、あるいは実際にはいらっしゃらず、あるいはわれわれのことを気にかけておられない。ここでは、閣下を礼拝いたしております、木像でなく、石像でもなく、実際に臨在されているお姿で」(前二九〇年のデメトリオスに対する讃歌〔アテナイオス『食卓の賢人たち』六、二五三e〕)。

新しい世界は、強い人、幸福な人、良心の咎めのない人には好意的であるが、貧しい人や孤独な人には厳しい。多くのギリシア人は生地を離れて移住し、遠方の国の工に仕えている。そこで成功を遂げた者は、戦いや予期せぬ大混乱のなかで自分を護ってくれた運命の女神に感謝する。運命の女神は、《アンティオケイアの運命の女神《トユケ》》のように、新しい都市の守護神になることもある。エウテュキデスは、まったくオリエントの影響を受けずに、古典期の衣の襞《ドレーパリー》、頭にかぶらせた城壁冠、手なずけたオロントス川の偶像の上にのせた片足を刻出することによって、運命の女神《トユケ》をきわめてギリシア的な姿で表現している。そもそも、この祭祀には熱気が欠けていた。熟考する者をおおいなる矛盾に追い込むからだ。この矛盾については、ポリュビオスが実に巧みに説明している（ゴルス＝モルティィエ『宗教の歴史、ギリシアとローマ』所収のA・＝J・フェステュギエール翻訳のテクスト参照）。本当の原因を詮索するのを嫌がるのは、懐疑論者（先に引用した讃歌を参照）や怠け者の気休めにすぎない。運命の女神《トユケ》は、もともと無節操で、合理的ではないから、まともな守護者にはなりえない。祈願され、感謝され、あるいは呪われる。愛されることもないし、心の祈りもわからない。

金銭や享楽がきわめて重要な役割を演じていた世界では、貧乏人とは、社会的地位があがるというあてもなく、権力者を富ませるために辛苦する多くの人たち、すなわち、王領地農民《ラオイ》、工房の職人、コスモポリタン的な都市の零落《おちこぼ》れ、そして、かつてこれほど大勢いて、これほど知性豊かであったことがない奴隷たちであった。奇妙なことに、集団をつくろうとする欲求が個人の解放にこたえる。古来の祭祀はなしですまし、自分のためにもっと高次な個人の宗教をつくりだす能力をもっているのは、賢人や哲学者だけである。民衆は、宗教色を帯びた結社《ティアソス》、むしろ互助組合《エラノス》といったほうがよい団体をつくる。これらの団体は、一柱の神、すなわちポセイドン、ゼウス、なかでもディオニュソス、の加護のもとに置かれる。その一つ「ディオニュソスの芸人たち《テクニタイ》」は、エーゲ海・イオニア地方・ペルガモンなどいたるところで、演劇やミモス劇の上演、バッコスの祭礼、公式の祝祭や宗教行列をとり仕切る。これらの団体は都市にならって組織をもっており、独自の礼拝所を有し、宴会を催し、連帯を図る。職人や商人を団体に入れることによって、デロスにあった「テュロス〔レバノンの現スール〕のヘラクレス崇拝者団《ヘラクレイアスタイ》」のように、物質的利益も護る。オリエント諸国では、これら団体は、キュベレ、アドニス、イシス、セラピス、小アジアやシリアで祀られたさまざまなゼウス（例・ラブランダ〔在・トルコのカリア地方〕のゼウス、ゼウス・ソテル）の加護のもと、万人に門戸が開かれている。ギリシア人や現地住民にも、女性にも、ときには奴隷にも、閉ざされてはいない。コスモポリタニズムや祖国との縁切れが、このような接触を促し、人類同志愛の感覚を発展させる。

　このような観点から、そしてギリシア起源であることを忘れずに――紀元前六世紀からトラキアのベンディス(1)のような外来の神々が数多く出現し、紀元前五世紀にはすでにアテナイで受容されていた――、これらの団体はオリエントの祭祀を伝えた。当時のギリシアの宗教が、オルフェウス教(2)、ピュタゴラス派(3)、バッコス信女《マイナス》、エフェソスのアルテミス、それにおそらくエレウシスの密儀(4)が示しているように、ときにはきわめて古いものもあるこのような影響に対してのみ門戸を開いていた、と考えるのは間違いであろう。しかし、アレクサンドロスによる征服、ギリシア＝オリエント諸国の形成、ギリシア人の離散《ディアスポラ》、先に分析した新しい宗教のニーズ、これらすべてによって、古くから存在した「異民族《バルバロイ》」に対する民衆の偏見や各地で公式に行なわれていた都市の守護神の祭祀という障害がなくなると、このようなオリエントとの接触が実り豊かなものになった。

（1）乱痴気騒ぎの祭儀によって崇められたトラキアの女神。アテナイの外港ペイライエウスでは、前四三〇／二九年、トラキアの居留外人のために、この女神の祭祀が正式に認められた。

（2）オルフェウス教は、オルフェウスの詩に基づき、宇宙の起源や神々の系譜を説き、霊魂不滅信仰を中心として密儀を行なった。

（3）ピュタゴラス派は、魂はもともと神的な存在であるが、無知ゆえに肉体という墓に閉じこめられ、死んでいる、知恵の探求によって魂を死から復活させ、再び神的本性を回復させる必要があると説いた。
（4）アテナイ西方三〇キロメートルのエレウシスで行なわれていたデメテルとペルセフォネ（コレ）という母子女神を祀る密儀。

エリートと民衆が遊離するにつれて、非合理的なもの、神秘的なもの、さらには、恍惚状態にあって、荒々しく、熱狂的なものが好まれる。僭主が優遇していたかつてのディオニュソスの思潮（紀元前六世紀の思潮）が、風変わりで、魔術的で、人の心を癒す新しい神々と接することによって、情熱的な「狂喜」のなか、さらに強い伝播力をもって、ふたたび登場する。これら新しい神々は、エジプト、メソポタミア、シリアやキュレナイカの村落、アナトリア中央部の小都市で現地住民のなかで孤立したギリシア人に対して強い影響力を及ぼす。宗教の分野では、現地住民は西方から何も受けいれない。ギリシア化した一部の現地住民だけが、名前をギリシア化したときと同じ原則に基づきギリシア化した神名で、みずからの神々に対し加護を祈る。逆に、精神面ではギリシア人は敗者に征服された、ということができる。

そうはいっても誇張してはならない。擬人主義に慣れているので、多くの外国の神々（イシス、セラピス、ドリケのゼウスなど）を形象化する際には、ギリシア的解釈（インテルプレタティオ・グラエカエ）が支配的であった。E・ウィルの研究は、ヘラクレスやテセウスを称えた古典作品に出てくる救済神（トラキアやドナウ川地方の騎士であったサバジオス[1]）の活動をたどることによって、文化の名残りの起源を探求すべきだとしている。ギリシアの芸術家は、オリエント化しつつあった精神内容に対して、いまだに古典芸術のイメージを押しつける（ブリュアクシス作のセラピス像）。

（1）もともと植物、とくに小麦・大麦の神で、フリュギアの衣服を着た姿で表現される。古典期ギリシアでディオニュソスと同一視され、ローマ帝政期にその信仰が広まった。

その結果、細部ではきわめて複雑なことが起こる。王たちはそれぞれ異なった政治＝宗教的行動をとろうとする。宗教の環境は、各地方によって、いや、ほぼ各共同体によって異なる。どんな聖所の近くにいるのか、どんな神官が影響を及ぼしているのか、どんな芸術流派の伝統があるのか、によって異なるのである。同じ祭祀、たとえばイシスの祭祀でも、当然のことながら、アレクサンドレイア、デロス、アテナイ、そしてポンペイでは「外観」が異なる。全体として見ると、時間が経つにつれて統一されてゆき（一種の「コイネー宗教」の形成）、幾柱かの普遍的な神々がますます広まるのである。

Ⅱ　アスクレピオスとゼウス

当時、アスクレピオスの祭祀は人気があり、この人気は長くつづく。この、お馴染みの、蛇を握った治療の神は、紀元前六世紀来エピダウロスに鎮座し、紀元前四世紀になると大衆を魅惑する。その証拠がエピダウロスにある美しい建造物である。劇場、円形堂《トロス》、参籠用の列柱廊など、すべてがこの時代に建てられたものである。この祭祀の人気がますます高まったことは、数多くのアスクレピオス神殿《アスクレピエイオン》があることによってわかる。これらの聖所は、エピダウロスに端を発し、同じ条件で「機能している」ようだ。

この祭祀は最もギリシア的で、最も画一的であった。このため宣伝が組織的に行なわれていたと考えられる[1]。この事実は医学校の活動と関係があるにちがいない。医学校はエピダウロスの支援を受けていたが、少なくともコス島、そしてアレクサンドレイアの学校では、医学が科学的に教えられていた。

(1) アスクレピオス神殿には治療の記録が碑文の形で遺されており、治療の実績を宣伝しているものがある。大きなアスクレピオス神殿では、神の偉業の語り手(アレタロゴス)を雇って、奇蹟を含む治療の成果を宣伝していた。

確かにアスクレピオスは治療を行なう。治療はいつも参籠で行なわれるが、その場で直ちに治療が行なわれる場合もある。患者が記した石碑によると、技術的な意味での「奇蹟」、すなわち理性や自然の摂理では説明しがたい成果が証言されている(ゴルス=モルティエ『宗教の歴史、ギリシアとローマ』一三二〜一三六頁にあるA=J・フェステュギエールが翻訳した多数のテクストを参照)。しかし、医者は病人と接し、科学的かつ心理学的に治療する。人びとはますますエピダウロスやペルガモンへ行って、神の加護のもと、本物の治療を受ける(最もよくこの状況を教えてくれるテクストは、後二世紀のものではあるが、ペルガモンのアスクレピオス神殿に長期間滞在したアレイオス・アリスティデスの『聖なる談話』である)。

アスクレピオスは、癒しの神、良心を導く神として現われ、奇蹟を実現する神としてよりも、むしろなんらか不思議な能力をもった神として現われる。ただし、エジプトでは、セラピスやイムテスと関係があるとされ(後述)、魔訶不思議な能力をもつ神というより、呪術を行なう神であった[1]。エーゲ海諸島・クレタ島・ペルガモン・エジプト・キュレナイカへ広まったあと、紀元前二九三年、聖なる蛇の姿でローマに現われ、少々ラテン語化した名称アエスクラピウスでティベリーナ島の聖所に鎮座した[2]。

（1）エジプト第三王朝のゾゼール王の主席大臣。賢人・建築家・占星家であるが、のちにエジプトとギリシアで医学の神として崇められ、アスクレピオスと同一視された。
（2）ローマ市とその周辺で治療が難しい疫病が蔓延したとき、『シビュッラの予言書』を照覧すると、「アスクレピオスを勧請せよ」と記されていた。そこでエピダウロスへ使節を派遣し、この神の化身である蛇をもち帰った。のちに、蛇がみずから来たとされる。

ヘレニズム時代、ゼウスの宗教上の神格は大きく変貌する。神々や人間の父であり、オリュンポスに棲んで、巨人たちを一刀両断に殺害し、人間を誘惑するホメロス流のゼウスは、ペルガモンの大祭壇のフリーズのような素晴らしい芸術作品に着想を与えるだけである。この大祭壇のフリーズが表現している内容はとりわけ政治的である。ゼウスは多くの都市や汎ギリシアのオリュンピアの守護神であり、法の番人、宣誓の保証人であるが、オリエントと接触することによって、明らかに権能を増やした。周知のとおり、アレクサンドロスがゼウスの神託を伺って成功を収めるまえに、この神はエジプトに伝来していて、少なくとも、ギリシア化したキュレナイカ南東にあるスィーワのオアシスの神託聖所では、テーバイのアンモン神と融合する傾向があった。

一般的にいって、君主たちが王朝の守護神兼始祖に選んだのは、ゼウス以外の神々、すなわちアポロン、ヘラクレス、ディオニュソスであった。しかし、小アジア・シリア・メソポタミアに定住したギリシア人は、セム族に由来する地方の最高神に対してゼウスという名前をつける。ゼウスは高みの神バアルと同一視される。バアルは雷や雨を司る天空の神であり、その傑出していること、ギリシア人におけるオリュンピアの神を上回っていた。

このように地方では、数限りないゼウスが崇められていた。その添名には、ラブランダイオス（ラブランダの）、カシオス（カシオン山〔アンティオケイア近郊〕の）、ドリケノス（ドリケ〔在・シリア北部〕の）がある。そのほかの添名（宗教的権能を示す形容辞）も、ゼウスの支配を想い起こさせる。ブロンタイオス（雷鳴の）、ケラウノス（雷）、パントクラトル（全能の神）、メギストス（至大の）、ソテル（救済者）、ウラニオス（天空の）、ヘリオス（太陽）がある。ゼウスは、フェニキアではバアル、メソポタミアではベル、シリア砂漠でバアル＝シャミン、ダマスコスとシリア全土でハダドとして崇められる。

古典期、ギリシア、テッサリア地方、マケドニア地方では、「至高の神《テオス・ヒュプシトス》」の名で知られるゼウスが盛名を馳せていた。この名で、ゼウスは最も広く崇拝された。オリエントのバアルと簡単に同一視されたからである。ギリシア化したユダヤ人は、他の神々を「低位の神《テオス・ヒュポスタシス》」とする傾向がある一神教の思潮に無関心ではいられない。デロス島やエジプトのユダヤ人居留民は、ヤーヴェを「至高《ヒュプシストス》」という名のもとに祈る。(1)

（1）エジプトで警察の監督官とアトリビス県在住のユダヤ人がプトレマイオス五世とその女王のために共同で「至高の神」（テオス・ヒュプシストス）に祈りを捧げたとき（ＯＧＩＳ九六）、おそらく、両人はそれぞれゼウスとヤーヴェに祈りを捧げていた可能性がある。

この名称は、完成したばかりの一部の聖書、アレクサンドレイアの七十人訳聖書、ずっとのちのフラウィウス・ヨセフスの『ユダヤ古代誌』にも登場する。注目すべきは、Ａ・Ｊ・フェステュギエールが強調しているように、キリスト教の時代が近づくにつれ、ヘレニズム世界は一種の「宗教融合《シンクレティズム》」という間接的方法によって一神教になる傾向があり、この融合は紀元三世紀のローマ帝国における宗教融合を予告していることである。この分野でも、一種の「コイネー宗教」が生まれる。これがアレクサンドロスによる征服の最終的成果であり——最小の成果ではない——、人間・思想・宗教がさらに相互に理解され、影響しあうことになった。キリスト教が普及したのは、おそらく「ローマの平和《パクス・ローマーナ》」があったからであろう。だが、それを準備したのは、ヘレニズム時代のユダヤ人の離散《ディアスポラ》であった。オリエントの宗教融合《シンクレティズム》にほとんどなじめないローマ人がユピテル・カピトリヌスやヘラクレスに依拠して帝国を築き（ディオクレティアヌス帝まで）、このようにして数世紀間多神教を生きながらえらせたため、ますますキリスト教が広まることになった。

Ⅲ　ディオニュソス

しかし、ヘレニズム世界の宗教には活力があったので、最高神ゼウスよりも人びとを救済し、人びとの心性を理解してくれる幾柱かの神々、とくにディオニュソスと夫婦神セラピス＝イシス、が華々しく活躍することになった。

アポロン精神とディオニュソス精神の対比は古典的となって久しいが、紀元前六世紀来、ギリシア人の考え方がオリエントの影響にさらされているのに、ディオニュソスの祭祀が変わらなかったという意味で、この対比はいくらか価値を保っている。ディオニュソスは、おそらくギリシア中央部のボイオティア地方とデルフォイのあいだの辺りで生まれ、信者を増やした。集団で行なわれる情熱的な恍惚状態の祭礼が、原始的な人びとのあいだで古くから行なわれていたクレテス[1]の入信の儀式や、トラキア・エーゲ海北部（サモトラケ島のカベイロスたち〔一一七頁の注参照〕）・小アジアにおけるコリュバスたち[2]、バッコス信女《マイナス》の行動と符合していたからである。最後に、ディオニュソスの伝説は、ずっとのち、バッコス信女や老精シレノスによるバッコス祭の行列、熱狂を煽るブドウや豹によって、オリエント世界各地にディオニュソスを広めながら、その普遍性を確立した。アレクサンドロス大王はディオニュソスのバッコスの行列《コモス》に賛同していたし、いくつかの王朝はディオニュソスを祖先に仰いでいた。

（1）赤児のゼウスを殺そうとする父クロノスにその泣き声を聞こえないようにするため、槍で楯を打ち鳴らし、喧しく踊った人たち。あとに出てくるコリュバスとしばしば混同される。

（2）フリュギアの大地母神キュベレの従者たち。激しい音楽と踊りを行ないつつ、この女神に従った。

ディオニュソスが、ローマ時代以前に、終末論――密儀の入信者に不死という至福を約束する教説――の役割を担っていたと断じてよいのかもしれないが、この神が成功を収めたのは、神秘的な快楽を施し、女性（それまで祭祀では蔑ろにされることが多かった）や芸人たち（とりわけ役者）を護り、バッコス信女《マイナス》の結社《ティアソス》のきわめつきのパトロンであったからであるといえる。王たちがこの祭祀を優遇したのは、紀元前六世紀の僭主（シキュオンのクレイステネス、コリントスのペリアンドロス、アテナイのペイシストラトス）の政策をふたたび取りあげ、大衆を政府に協力させようとしたからである。この祭祀は、いかなる政治的志向ももたないのに、壮麗な祭礼のとき大衆を動員することができた。たとえば、カッリクセノスは紀元前二七四年頃のプトレマイオス二世フィラデルフォスが行なった祭礼について事細かに描いている（アテナイオス『食卓の賢人たち』五、一九六a〜一九七d）。戦車、野精サテュロス・老精シレノス・バッコス信女の恰好をした参列者、木蔦、ブドウの枝や果物で飾られた天蓋のしたに置かれたディオニュソスの巨大な彫像、この神の伝説のエピソードを描いた活人画などの行列を描いたのである。一般的にいって、これらの祭礼を組織したのは、君主たちに抱えられていたディオニュソスの祭祀を執り行なう職業的な芸人たちであった。いたるところに「芸人たち《テクニタイ》」の大きな団体があった。とくにギリシア本土では、まずアテナイに最古の団体があり（遅くとも前三世紀から）、コリントスには「イストミア＝ネメイアの芸人団体」があった。小アジアでは、「ディオニュソスを信奉するイオニアとヘッレスポントスの芸人団体」が最も活発で、まずテオス（トルコの現スガジュック南方）に本部を設け、ついでギリシアの諸都市で活動し、エウメネス二世やアッタロス二世治下のアッタロス朝の庇護を受けた。ディオニュソス・カテゲモン（導いてくれるディオニュソス）がペルガモン王朝の神となった。

私的な団体、すなわち結社《ティアソス》が数多く存在した。アテナイでは、これら結社はエレウシスの祭祀と関係があるとされる。入信者の松明をかかげる密儀がイアッコス（＝バッコス）と混同されたからである[1]。その結果、ディオニュソスは冥界や葬礼と関係をもつことになった。デルフォイにあるアポロンの聖所は、ディオニュソスをみずからの祭祀と結びつけ、この神にディテュランボスを詠う[2]。そのいくつかの節（ストロフエー）が伝存している（H・ジャンメール『ディオニュソス』四四〇〜四四一頁参照）。碑文によると、小アジアのエフェソス、ミレトス、マグネシアでは、少々オリエント化された複数のディオニュソスを崇めるさまざまな結社《ティアソス》が、エフェソスのアルテミス、ペッシヌスの大地母神（キュベレやアッティス）、とくにフリュギアのサバジオスと関係を保ちながら活動していた。これらの宗教の信者も結社《ティアソス》をつくり、乱痴気騒ぎの入信儀式を行なっていた。シリアでは、ディオニュソスはあまり広まらなかったようであるが、エジプトでは、プトレマイオス四世フィロパトルが、おそらくディオニュソスを国家の大神にしようとして、ディオニュソスの神官や「入信者」を調査した。ユダヤ人も、ディオニュソスをヤーヴェの名前の一つサバオト（サバジオス）と混同していたのではないかと指摘する者もいる。

（1）イアッコスは、エレウシスの密儀の入信する人たちの行列を率いた神である。入信者が「イアッケー」と叫んで行列したことから、イアッコスという神名が生まれた。バッコスと似ているので、バッコス（＝ディオニュソス）と混同され、エレウシスの神々とディオニュソスの仲介をする神と考えられた。

（2）五〇人の男性合唱隊が部族（フュレ）の栄誉をかけてオーケストラ中央の祭壇の周りを輪舞しながら歌ったディオニュソスを頌える合唱歌。大ディオニュシア祭では、悲劇・喜劇とは別のジャンルとして賞を競った。

イタリア南部では、ずっとまえからディオニュソスの祭祀が広まっていた。カンパニア地方、そしてエトルリア地方にも、その証拠が遺されている。紀元前三世紀、この祭祀はこれらの地方からローマへ伝わり、紀元前二世紀の初めには、なかば非認可の状態を脱した（本書一四一頁以下参照）。

最後に述べておくと、芸術の領域では、ディオニュソスの図像が重要な役割を演じた。無造作に鹿の毛皮《ネブリス》を肩にかけたディオニュソスがしばしば表現されるほか、乱痴気騒ぎで緊張したバッコス信女《マイナス》（前四世紀以来彫刻家スコパスによって有名になったモチーフ）、酒盃《カンタロス》を手にし、先端に松毬をつけ木蔦《きづた》かブドウの枝を巻きつけた霊杖《テュルソス》を握った老精シレノスと野精サテュロスといった「バッコス神」に関するテーマを数多く挙げることができる。ブドウ・木蔦・松・豹は、絵画、モザイク、器の側面に描かれることが多い装飾モチーフであった。

紀元前一世紀のある時期、アントニウスの登場にともない、ディオニュソスは世界を席巻するかのような勢いを示した。しかし、ディオニュソスの教義は荘重でもなければ、確たるものでもなかった。オクタウィアヌスはアクティウムで勝利を収めると、ディオニュソスを排除しないで、この神よりも、政治秩序の確立にふさわしい神々の優位を回復させた。それがアポロン、マルス、ユピテルである。

Ⅳ　セラピスとイシス

ヘレニズム時代の数世紀、とくに大衆に広まっていたイシスの公的運命は、クレオパトラの敗北によって危殆に瀕した。宗教問題では、エジプトの役割を過大評価することはできないだろう。ギリシア人の移民は、旅行好きのヘロドトスがかつてそうであったように、ナイル川沿岸地域において宗教活動が活発なことに心を打たれた。神々の起源が不思議なくらい古く、地方色が豊かであったからである。彼らは評判の悪い都市国家《ポリス》の守護神を移入しないで、とくに農村《コラ》においては、県《ノモス》で崇められている神を採用する傾向があった。住民の混淆、ギリシア化した現地住民の社会的地位の向上、異民族《バルバロイ》同士の婚姻、これらが同化を進める強力な要因であった。特定の芸術作品《ペトシリスの墓》[1]や、そもそもオシリスの加護のもとに置かれたエジプト人の壮丁「会議《シュノドス》」の設立には、ギリシアの影響が認められるとしても、地方の影響のほうがはるかに強く、かの有名な、メンフィスのセラピス神殿に寄宿していた隠遁者プトレマイオス〔四三頁、訳注参照〕のような生粋のマケドニア人でさえ、ヘラクレオポリス〔在・ファイユーム南東〕の十二神に加護を祈り、夢をエジプト流に解釈するほどであった。

(1) 前四世紀のペルシア支配時代にヘルモポリス地方の役人兼トト神の大神官であったペトシリスを祀った墓〔在・トゥナ・エル・ジェベル〕。この墓を飾る浅浮彫りには、エジプトのデッサンとギリシアのある種の耽美主義の混淆が認められる。

病を治し、神託をくだす神々に熱をあげることによって、共同体は団結する。このような神としては、アスクレピオスと同一視されたイムテス(イムホテプ)、生粋のエジプト人であるハプの子アメノテス[1]、トト＝ヘルメス[2]がいた。世界的に魔術が広まったのは、エジプトの影響があったからにちがいない。護符の図柄はパピルスの「死者の書」によって説明が可能である。スカラベが世界を魅了する。鬼神学はアヌビスまたはアガトス・ダイモン(良き守護神)の像によって光彩を添えられ、ローマ時代になるとグノーシス主義[3]や密儀に帰着する。バビロニアの占星術は、ギリシア思想によってエジプトで改良され、そのため長いあいだ、魔術が医学の進歩を妨げたように、天文学の進歩を妨げる傾向があった。

(1) アメノフィス一世、アメノフィス三世またはセソストリス三世に仕えた大臣。ハプ神の子で、治療神であるとされた。とくにデイル・エルバハリで崇められ、その地の聖所は整備されて療養所となった。

（2）ギリシアのヘルメスとエジプト古来の知恵の神トトが習合して生まれた神。錬金師の多くがこの神の名のもと書物を著わした。
（3）反宇宙論的二元論の立場にたち、人間の本質と至高神が本来同一であることを認識することによって、救済、すなわち神との合一が可能であると説く。

魔術師イシスのおかげで、エジプトは不死の秘密や、オシリスに託された死者の王国の秘密を握っていた。しかし、世界的に信者を獲得した最初の神は、プトレマイオス一世ソテルの時代にかなり人工的につくられた神セラピスである。この君主は自分の王国を統一し、おそらくギリシア人の臣民があまりエジプトの地場の宗教に感化されないようにするためであろう、オシリス（オソル・ハピ＝オシリス・ハピス）[1]から、顎鬚を蓄えた、優しそうで威厳あふれるセラピスの像を作らせた。この像はブリュアクシスの作品によって伝えられている。実をいうと、セラピスはとくにアレクサンドレイアの人びとの守護神となったのである。セラピス神殿が破壊されたのは、紀元三九一年、テオドシウス帝の時代になってからである。多くのギリシア人――現地住民を除く（この点は重要）――は、国境を超えて海外の領土（キュレナイカ、キプロス、エーゲ海諸島、小アジア南岸）、さらにはロドスやデロス、アテナイでも、セラピスを採用する。アテナイでは、セラピスの陪神イシスによって、その道はすでに開かれていた。

（1）聖牛アピスが死後オシリスと同一視され、オソル・ハピとして礼拝される。これがギリシア語化されてオセラピスとなった。

オシリス、イシスと、この夫婦神の子ホルス（またはハルポクラテス）の要素が結合されて生まれた神セラピスは、ゼウスやバアルのような最高神であり、病を治し、葬礼を行なう。この神が広まったのは、一部には、エジプトの神であること、イシスが陪神であること、ヘロドトス以来オシリスに近いとされるディオニュソスと関係があることに基づく。メンフィスのセラピス神殿はディオニュソスの葬礼が行なわれる聖所のようであって、その近くでは、ブドウの枝・ライオン・豹をかぶった子供のバッコス集団が「教育的意図から互いの結びつき」を示していた（ジャンメールとCh・ピカール）。

イシスは単独でもっと輝かしい道を歩む。数十のギリシア・アジア・アナトリア地方の神々と融合したからである。「無数の名をもつ《ミュリオニュモス》」（プルタルコス『道徳論集』二、三七二e）女神であり、神の偉業を賛美する形で祈願され（於・トラキア地方のマロネイアとキュレネ）、「万物の支配神、人が住む世界の女王、海、優雅と美、幸運と豊穣、真理、知恵と愛の星」（W・ターン『ヘレニズム文明』、三三五頁）であった。貞淑で温和、穏やかで親切な姿は、永遠なるものにある女性的なるもののすべてを具現し、若い娘・女性・母親を保護し、苦悩する者を慰めた。入信者の派によってグループ分けされ、本物の神官に導かれた信者は、この女神に仕える「入信者《ミュステス》」であり、永遠の命を知り、個人の「救済」が得られると確信している。この宗教は友好的、共同体的であり、思いやりがあって、紀元前一世紀のヘレニズム期のオリエントにおいて絶頂に達した。その礼拝堂や会堂の遺跡がいたるところで発見されている。イシスはローマで長いあいだ迫害を受けたが、ポンペイやカルタゴで崇められ、のちに皇帝たちの後楯を得た。聖母の信仰のなかに生き残った、とする者もいる……。

第四章　ギリシアの永続性

エーゲ海は、アテナイとマケドニアがいまだ活力を保持している文明伝播の中心地ギリシアと、燦然たる複合文明をもつオリエントの新興諸国のあいだにあるという恵まれた位置を占めている。この海はおびただしい数の島があるため統一国家を形成するにはいたらなかったが、つねに交易の中心地であり、文明の交叉点であった。紀元前四〇八年以来統一され、すでにかなり強力であったロドスと、数世紀来大勢の人びとが訪れていた聖地デロスだけが、簡単にそれと識別できる個別の役割を担っていた。

エーゲ海の支配を巡る争いは、紀元前三世紀にアンティゴノス二世ゴナタスのもと目覚しい成功を収めたアンティゴノス朝と、コス島・サモトラケ島・エフェソスを占領し、島嶼《とうしょ》同盟（ネシオテス同盟）を支配下に置いたプトレマイオス朝とのあいだで起こった。紀元前二世紀初頭、両王朝の弱体化にともない、この地域に独立がもたらされた。紀元前一九〇年から一六七年まで、ロドスはその繁栄の極みにあった。一つにはローマと同盟関係にあったからである。そしてデロスを活動の基地としたのは、イタリア商人の番であった。

Ⅰ　ロドス

紀元前四〇八年、集住《シュノエキスモス》によって島の北端に都市ロドスが生まれたのは、由緒ある三つの都市イアリュソス、リンドス、カメイロスの住民の功績である。紀元前四世紀、ロドスは複雑な政策を採ることによって、アテナイ、スパルタ、テーバイ、ペルシア、ハリカルナッソスのマウソロスと付きつ離れつの関係を保っていた。アレクサンドロスがロドスをペルシアから解放し、アレクサンドレイアを創建したことによって、ロドスとエジプトとの交易が開かれる。プトレマイオス朝はつねにロドスの同盟国であった。のちに、ローマは、フィリッポス五世とアンティオコス三世に対する戦いに協力してくれたことに感謝し、アパメイアの和約〔前一八八年〕でリュキア地方とカリア地方という「大陸の地」をロドスに与えた。

ロドスを統治していたのは提督と貿易商人からなる貴族である。彼らは誠実で、かなり慎重であり、思慮深くて、民衆に安心できる暮らしを保証し、やり手の実業家がとるような政策を採用していた。どちらかというと平和を志向していたが、充分軍備を整え、大強国間の均衡、とくに航海の自由を唱導していた。

「都市ロドスは、海運力に優れ、ギリシア都市のなかで最もすぐれた民生組織を具えていたので、土豪《デュナスタイ》や君主の羨望の的となっており、各々が友好関係を結ぼうとしていた。ロドス自体も、あらかじめ、有利と考えられる政策を検討し、すべての国と個別に条約を結び、友好関係を維持していたので、これらの国々は互いに敵対する戦争に巻き込まれることはなかった。それゆえ、ロドスは、これら各国から豪華な贈物をもらい、長期間平和を維持することによって、かなり発展を遂げることができた。……このようにして、すべての王朝と友好関係を確立してからも、ロドスは慎重で、警戒を怠らず、正当な理由があると思われるおそれのある非難を浴びないようにしていた。しかし、どちらかというと、プトレマイオス朝に対して好意的であった。歳入の大半をエジプトへ航海する貿易商人の活動に依存していたし、一般的にいって、この王朝から食糧を調達していたからである」（シチリアのディオドロス『歴史叢書』二〇、八一）。

艦隊の規模はそれほど大きくなく、一時に五〇隻を超えることはなかった。だが、訓練が行きとどいており、カルタゴと同じく、兵器廠に繫留されて、偵察されないよう大切に護られていた。船舶や乗組員の技術力は万人の認めるところであった。顕彰碑文から、海軍将校の職務が高度に特化していたことが知られている。各艦船の乗組員は、将校、操船長、操舵手、船大工、船首と船尾の船員、医師、射手、弩砲《どほう》の砲兵、甲板の戦闘要員で構成されていた。こんにちなおリンドスのアクロポリスの岩壁で見ることができる浅浮彫り《レリーフ》から、これら艦船の見当がつく（ロストフツェフ『ヘレニズム世界の社会経済史』二巻、六八二頁）。素晴らしい港湾設備も有していた。複数の湾が整備され、防波堤、名高いドック、倉庫、それにいうまでもなく、すべての国の産品が取引される、かの有名な市場《ディグマ》があった。

紀元前二二〇年、ロドスは、航海の自由のために、ボスフォロス海峡の通行税を徴収しようとしたビュザンティオンと戦った。同年、ポントス王によって攻撃されたシノペを、軍需品、技術者、ならびに一四万ドラクマを送って援助した。そのうえ、航海の自由や都市の自由のためにマケドニアのフィリッポス五世と対抗し、ギリシア都市の自治精神を充分尊重しなかったローマとも争った。ロドスの使節がローマの元老院を訪れ、エウメネス二世の野望を非難した。この王が紀元前一九〇年のアンティオコス三世との戦争で大きな役割を演じたため、あまりにも貪欲になっていたからである。「元老院議員の皆さん、われわれの使節にとって辛くて厄介なのは、エウメネス二世との論争が絡んでくることでありま す。この王は、われわれが個人的に賓客関係を結んでいる唯一の王であり、さらに痛ましいことに、公的な賓客関係でも結ばれているからであります。しかし、元老院議員の皆さん、われわれに見解の相違があるのは、個人的な感情からではなくて、きわめて重要な、事柄の性質そのものによってであります。すなわち、われわれは自由な国民であり、ほかの国民のためにも自由の大義を弁護しているのに、王たちは、すべてを隷属させ、彼らの支配に服従させせようとしております。……皆さん方は、輝かしい行動で名高く、人間性《フマニタス》と学識《ドクトリナ》で評判の、由緒ある国の自由を、王たちの専制から保護しようとなさいました。皆さん方が保護し、庇護されることになった国家に対して、後ろ盾となっていただかねばなりません。(母なる祖国の) 古来の地にある諸都市は、母市を去りアジアに定住した植民者と同じように、もはやギリシアの都市ではありません。……異民族《バルバロイ》にとっては、主人の命令はつねに法律であります。異民族には君主をもたせておきましょう。それが好きだからです。しかし、ギリシア人は、皆さん方とよく似た考え方をしており、自分たちの運命に従います。かつて、ギリシア人は個人的に力をもっていれば、覇権を求めることができました。こんにち、ギリシア人は覇権をもっている人たちが永遠にそれをもちつづけることを願っています。ギリシア人にとっては、皆さん方の軍事力によって自由が守られれば、それでよいのです。みずからの軍事力では防衛できないからです。……皆さん方には、断固としてエウメネスの野望を拒絶していただきたい。皆さん方が、きわめて当然の怒りであっても、怒りを拒絶されるのと同じです」（リウィウス、三七、五四、参考・ポリュビオス、二一、二二、六〜二三、一二）。

ロドス人の、この毅然たる態度と外交能力、そして交易の際の誠実な姿勢と大ブルジョワの威厳は、一般的にいって、敬意を表するに値するものであった。紀元前二二七年、ロドスが地震に見舞われたとき、救済のため大掛かりな連帯運動が起こった。この運動は、ポリュビオスを驚かせたし（ポリュビオス、五、八八〜九〇）、短い期間ではあったが、ポントス王、ビテュニア王、諸々の都市や王国からシチリアのヒエロン二世にいたるまで、ヘレニズム世界の団結を象徴するものであった。これらすべての者が救援の手を差しのべたからである。

おそらく、完全にギリシア的なロドスは、オリエントに位置しているが、ヘレニズムを顕揚するうえで、その傑出した役割が認められていたのであろう。ロドスのコインは、きわめて高い評価を受け、プトレマイオス朝やアテナイの基軸通貨に適合しながらそれらと競っていた。ロドスの船舶はシノペからカルタゴやシュラクサイにいたるまで、いたるところで歓迎された。その海商法は、おそらく口頭契約の時代に生まれ、誠実に守られ、広く採用されていたと思われる。のちにローマ人が法典編纂の際、その痕跡と記憶を記録にとどめたからである（アントニヌス朝時代に引用され、ビュザンツ帝国やヴェネツィアによって収録されたロドス法）。とくにロドスはつねに海賊に対する戦いの先鋒であったが、ロドスが権勢を失うと、海賊が災いの種となった。それまで、クレタ島東部の都市と協定を結び、ペルガモンやプトレマイオス朝と協調して、クレタ島の海賊に対し素晴らしい成果を収めていたからである。しかし、紀元前二世紀、この業績は損なわれ、イタリア人が利権を握ったために、デロスが利することになった。

ロドスの交易はまず小麦とワインに基づいていた。小麦はエジプトや黒海地方（ポントス地方、ビテュニア地方、シノペ）から入荷する。ミレトスの地位を引きついだロドスは、つねにこれらの地域と良好な関係を維持していた。小麦はエーゲ海諸島やギリシア本土に供給される。この交易のおかげで、ロドスの住民は食糧に窮することなく、そのため社会紛争も起こらなかった。ワインはロドス島とカリア地方の領土で生産され、いたるところへ出荷されていたはずである。刻印《スタンプ》〔工房銘または紀年銘を示す印〕が付いていることが多いロドスのアンフォラが地中海の全域で発見されているからである。ロドスは銀行業の一大中心地であり、シリアの港と良好な関係を保っていたため、オリエントの一部商品の、中継や荷分けの基地であった。二パーセントの港湾税によって、紀元前一七〇年には一〇〇万ドラクマ（／年）以上の歳入をあげていた。

社会生活は際立ってギリシア的な性格をとどめていた。支配階級は大ブルジョワ、船主、船員、銀行家で構成されている。大半は純然たる市民であって、権利を大切にし、高額の費用がかかる祭礼を催すことによって、真の祖国愛に燃えていた。職業組合、とくに船員幹部の組合は、団結心や連帯感を維持していた。しかし、紀元前四世紀のアテナイと同じように、多数の外国人や解放奴隷が住んでいて、法律で保護されており、在留外人として行なっている仕事に応じて格付けされた特権を有していた。碑文によって、とくに、小アジア・シリア・エジプトから来たギリシア人がいたこと、ギリシア本土や西方から来た者も少数いたが、イタリア人が一人もいなかったことがわかっている。この点は重要である。すなわち、ローマがデロスを優遇したのは、ロドスが自国に徴税請負組合の設置やローマ商人《ネゴティアトル》の定住を拒否していたからである。これを疑う者は誰もいない。小アジアの内陸部や黒海地方から来た奴隷も少なくなかった。

この都市の人口は四万人に達していたかもしれない。だが、後世の建造物、とくに中世の建造物が建っているため、古代の都市については一部のことしかわかっていない。都市はアクロポリスの斜面に広がっていて、神殿や庭園が点在し、海のほうへくだっていく。紀元前五世紀以降のすべての都市（オリュントス、ミレトス、プリエネ）と同じように、街路は規則正しい碁盤目状を呈しており、ギリシア世界で最も美しい都市の一つとして通っていた。ロドスの建築方式が特別なものであったかどうかはわからない。ただ、デロス島にある、南側の建物を高くした「ロドス式《ロディアコン》」と呼ばれるアトリウムは、ロドスの発明とされている。

彫刻の流派は比較的よく知られていて、リュシッポス派に由来するらしい。高さ三三メートルのコロッソス（都市の守護神ヘリオスの像）〔世界七不思議の一つ〕は、技術の粋を集め、リュシッポスの弟子リンドスのカレスによって青銅で建造された。文献の伝承（大プリニウス）や碑文から、彫刻家の名前が多数知られているが、その作品は多くの美術館に分散しているため、どこにあるのか見つけるのも難しい[1]。その特徴とするところは、神話のテーマを表現した装飾群像が好まれたこと、技巧に欠点がないこと——衣の襞《ドレーパリー》の技法はペルガモンよりはるかに優れている——、悲壮さが誇張されていることで、かつて絶賛された《ディルケの群像》（別名《ファルネーゼの牡牛》）や《ラオコーン群像》のように、主題が劇的な性格をもっているにもかかわらず、冷静な伝統主義の傾向が認められることである。ペルガモンの大祭壇の彫刻には、ロドス人が加わっていたのかもしれない。こんにち、《サモトラケの勝利の女神《ニケ》》（紀元前二世紀）も彼らの作品とされる傾向にある。最後に述べておくと、《アンティオケイアの運命の女神《テュケ》》を制作したエウテュキデスは、リュシッポスの弟子であった。この像は、全体的に見て、保守的な考えをもち、精巧な細工を好み、オリエント趣味やアレクサンドレイアの表現主義をあまり好まない実業家好みの作品である。

（1）ロドスの彫刻作品と彫刻家の研究ならびにロドスの歴史については、芳賀京子氏の労作『ロドス島の古代彫刻』（中央公論美術出版、二〇〇六年）を参照のこと。

紀元前二世紀と紀元前一世紀、ロドスは知的活動の重要な中心地であった。アパメイアのポセイドニオス〔前一三五頃〜五一年頃〕が定期的にロドスで教鞭をとり、この都市の最高政務官《プリュタニス》であったとしても、彼の哲学からロドス派は生まれなかった。だが、弁論術や高等教育については同じではない。H＝I・マルは、『教育の歴史』においてヘレニズム時代の文学的・人間主義的な古典時代の教育《パイディア》の重要性を強調し、ロドスの学校が第一線級の役割を演じていたとしている。紀元前二世紀中葉、これらの学校が高い評価を受けていたので、ペルガモンのエウメネス二世はロドスに小麦二万八〇〇〇メディムノス〔約七八〇立方メートル」の資金を提供し、この資金は学校の維持・改善に使われた。紀元前一世紀、一つには修辞学の教育課程を明示したポセイドニオスのおかげで、ロドスはアテナイと並ぶ一大「高等教育都市」となった。ギリシアやローマの青年は、勉学の総仕上げをするためロドスを訪れる。文法や文献学ではアレクサンドレイアと競い、なかでも弁論術の水準は高かった。当然のことながら注目すべきは、ロドスの学校が、あまりにも誇張した表現が多いアジア風の言葉遣いを捨てて、キケロが褒め称えたアッティカ風の言葉遣い[1]を採用していたことである。キケロは、自分より純正語法主義者であり、アッティカ風の言葉遣いを好んだカエサルよりもさきにロドスを訪れ、有名なモロンの講義を聴講していた。

（1）簡潔で、正確で、節度があったアッティカ地方の言葉遣い。

要するに、この魅力的な都市は、小アジアに近く、商業が繁栄していたが、妥協することなく、きわめてさまざまな潮流で動く世界において、「ギリシアの普遍性」――政治の自由、礼節、精神の均衡という伝統的な徳の普遍性――、それに古代の人びとが誇りにしていた「良き秩序《エウノミア》」（良き法を尊重したうえでの市民の協和）を揺るぎなきものにしていた。

Ⅱ　デロス

デロスはロドスと異なる。ヘレニズム時代、この、アポロンとアルテミスの島はとくに外国人で賑わっていた。ミュケナイ時代から紀元前四世紀までの繁栄が、神々のなかで最もギリシア的な二柱の神の聖所に依拠していたからである。デロスは紀元前三一五年以来独立しており、その地理的位置と中立の立場(宗教の役割が遺した最良の遺産)によって、国際貿易でますますその役割が増大していた。アンティゴノス朝、アッタロス朝、プトレマイオス朝がここで覇権を争い、壮麗で実用的な建物(アゴラ、列柱廊、神殿)の建造を競う。デロスが独立しているため気楽に「働ける」のに惹かれて、すでに紀元前二五〇年から、イタリア人やローマ人がこの島に現われる。ローマがヘレニズム君主同士の戦いに介入するよりずっとまえのことであった。デロスの絶頂期は、紀元前一六六年から始まる。ローマは、紀元前一八八年以降、つねに従っているわけではないが、忠実な同盟国であったペルガモンとロドスを優遇したあと、紀元前一六八年のピュドナの勝利でギリシアとマケドニアを獲得し、そのとき盲従してくれたアテナイに褒賞を与え、敗者ペルセウスと裏取引をしていたロドスに制裁を科そうとした。デロスはアテナイに返却されることになった。アテナイは管理官《エピメレテス》と入植者《クレルコイ》を派遣して、デロス島民を放逐し、すべての税金が免除された自由港にすると宣言した。この結果、おそらく誇張ではなかろうが、数年経つと、ロドスの税収は一〇〇万ドラクマからわずか一五万ドラクマに下がったといわれる……。ローマはロドスを締めだしたあと、数年かけてカルタゴとコリントスを破壊した。このローマがとった選択は決定的であった。交易ルートを定めることによって、アテナイが復活できないようにしたのである。

デロスが幸運だったのには、いくつかの要因がある。第一に、急速に豊かになりつつあったイタリア人は、生活必需品の需要増を見込んで、大量に輸入しようとし(戦利品、すなわち、ギリシアやマケドニアの都市（前一二三年からはアジアの都市）からの略奪品を支払いに充当）、地理的位置に恵まれ、かつ政治的に他国に従属していない土地を必要としていた。第二に、コイレ・シリアがエジプトに奪回されたことによって、東方からの交易品は、とくにペトラ、ダマスコス、アンティオケイア、ベリュトス〔現ベイルート〕、テュロスに運ばれるようになり、これらの土地はデロス経由で結ばれることになった。シリアの商人は、以前からデロスでローマ人から多くの引き合い受けていたので、ますます頻繁にこの島を訪れるようになった。第三に、海賊が跋扈しており、商人や徴税請負人は、みずから海賊の被害を受けるまえに、ラティフンディウムの農業生産やイタリア人富裕層の豪華趣味の需要を満たすため、海賊から膨大な数の奴隷を購入した。ロドスが弱体化して以来、クレタが活動を再開し、その盗賊の首領は恰好の位置に港をもつキリキア人と同盟を結ぶ。小アジアの、なかば異民族《バルバロイ》であった王たち（ビテュニア地方、カッパドキア地方）のなかには、とうとう臣民を犠牲にして奴隷の供給源となることを辞さない者もいた。デロスの地理的位置、ローマの了解のもと長期間保証されていた免税、これらがアポロン（デルフォイで奴隷の解放を保証する神）の島を奴隷貿易の中心地にしたのである。「奴隷の輸出はきわめて利益率が高いので、この悪辣な行為に走ることになった。奴隷を捕まえるのが容易であり、そこ（シリア）から遠くないところに豊かな大市場、すなわちデロスの市場、があったからである。この市場は一日に一万人の奴隷を受けいれ、送りだすことができた。このため、『商人たち、接岸し、積荷をおろせ。すべて売却済みだ』という格言が生まれた。カルタゴとコリントスが破壊されたあとローマ人が豊かになり、多数の奴隷を使役していたからである。そして海賊は（事が）やさしいと考えて、突如密集して現われ、奴隷を捕らえ、取引した。これに一役買ったのが、シリアの敵であったキプロスとエジプトの王たちである。ロドスもシリアと友好関係にはなかったので、まったく助けようとはしなかった。その間、海賊は奴隷商人の振りをして、休むことなく悪業を重ねた」（ストラボン『地理書』一四、五）。第四には、イタリアの銀行家がいたので、シリア人やエジプト人がよく訪れていたデロス島が、アジアの隊商からシリア＝フェニキア港経由、あるいは紅海からアレクサンドレイア経由で届けられた奢侈食料品の需給調整センター（「世界的」価格の決定の場）となったことである。伝統的なギリシアの交易品（小麦・ワイン・オリーブ油・陶磁器・金属容器）は、生産の中心地のアレクサンドレイア、ロドス、ペルガモンとつねに競争していたので、それほど恵まれた状況にあったとは思えない。要するに、貧しくて産業のないデロスは、とりわけ中継貿易の基地であり、銀行と奴隷貿易の基地であった。

　社会生活に及ぼした影響は大きかった。アテナイから送りこまれた管理官《エピメレテス》や入植者《クレルコイ》はけっして表面に出てこない。実際に支配していたのは、徴税請負人の会社、イタリアの銀行の団体、オリエント商人の団体である。かつて古代の都市で、このようなことが行なわれたことはなかった。この事実は、デロスが紀元前一六六年以前には数千人の市民団でうまく機能していたので、なおさら驚嘆に値する。紀元前一三〇年になると、アテナイからの布告は出なくなる。それ以前にアポロン神殿の神殿監視官《ヒエロポイオス》の布告は出なくなっていた。デロスの行政を担当していたのは、アテナイ人、常住している住民、居留商人（イタリア人とオリエント地域のギリシア人）の団体からなる集団である。経済や奉献に関する碑文はすべて、これらの団体、アッタロス朝やプトレマイオス朝の君主、外人の寄贈者と関係がある。

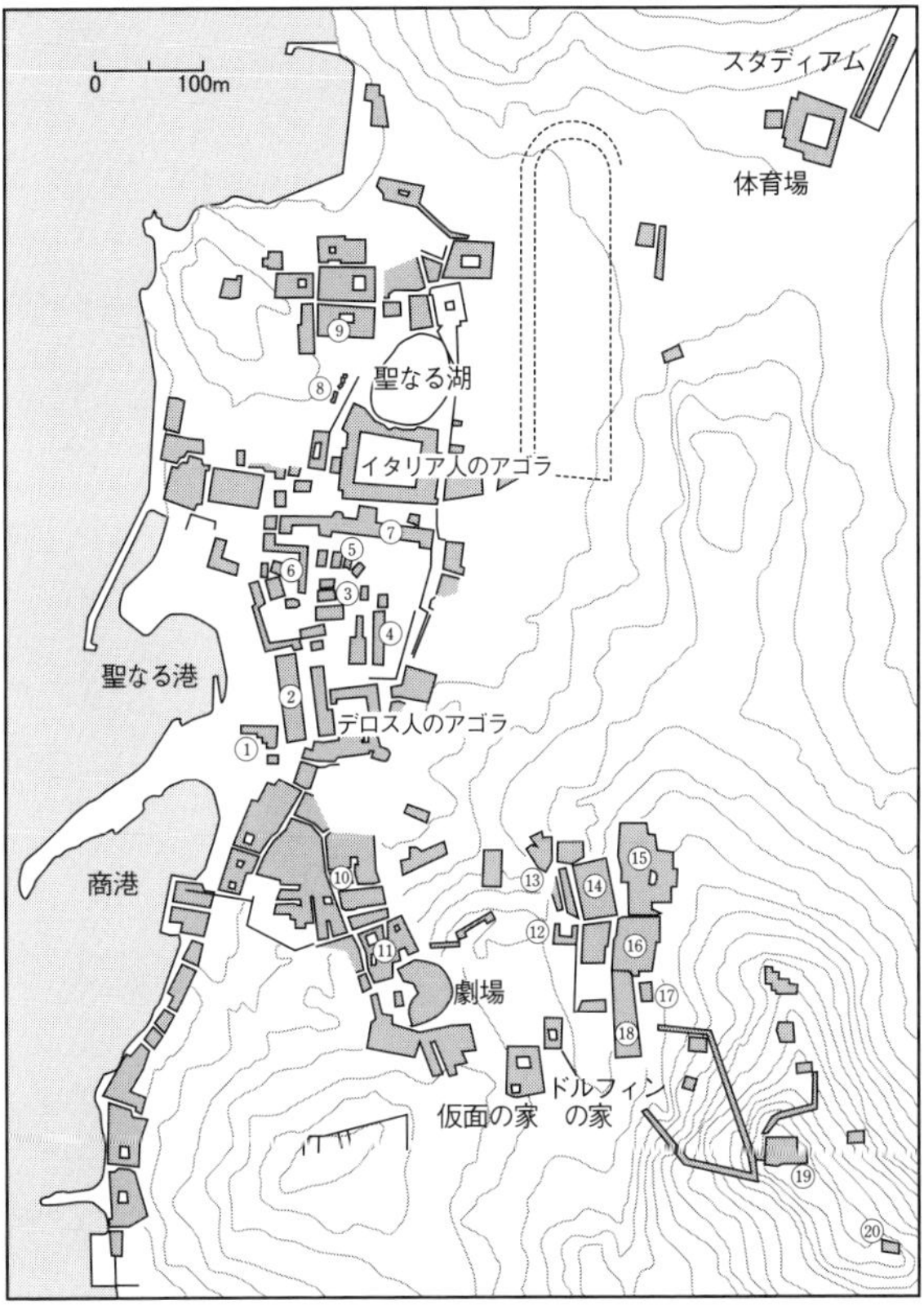

① 辻神崇拝者のアゴラ
② フィリッポス5世の列柱廊
③ アポロン神殿
④ 牡牛の記念碑
⑤ 金庫
⑥ アルテミス神殿
⑦ アンティゴノスの列柱廊
⑧ ライオンのテラス
⑨ ポセイドン崇拝者団の館
⑩ ディオニュソスの家
⑪ 三叉の矛の家
⑫ カベイロス神殿
⑬ セラペイオンA
⑭ セラペイオンB
⑮ ハダッドとアタルガティスの神殿
⑯ イシス神殿
⑰ ヘラ神殿
⑱ セラペイオンC（エジプトの神々の神殿）
⑲ キュンティオン
⑳ ゼウス・ヒュプシストスの聖所

図5　デロス（追加図版）

「アレクサンドレイアの占領（前一二七年にプトレマイオス八世エウエルゲテスが復位することになった内乱）のとき、善行神たるプトレマイオス王から善行を施されたローマ人の船主や商人たちは、王の功績と自分たちに対する善行に感謝して、プトレマイオス王と王妃クレオパトラ〔三世〕の一族であるカッリメデスの子ロコスの像をアポロンに奉献する」（F・ドゥールバック『デロス碑文選集』一〇五）。

　会合の場所があったことで知られている大きな団体には、イタリア人の団体――ヘルメス崇拝者団《ヘルマイスタイ》、ポセイドン崇拝者団《ポセイドニアスタイ》、アポロン崇拝者団《アッポロニアスタイ》――があり、「イタリア人のアゴラ」（周囲に事務所や倉庫が設けられた広い広場で、オスティアの「同業組合広場」の先駆け）の周辺に置かれていた。フェニキア人の団体には、商人や船主で構成されたベリュトスのポセイドン崇拝者団《ポセイドニアスタイ》やテュロスのヘラクレス崇拝者団《ヘラクレイアスタイ》があり、列柱廊のある中庭、聖所、礼拝所、集会場、倉庫がある商館に置かれていた。エジプトの商人は、おそらく政府の命令によって、このように強力な団体を結成していなかったと思われる。しかし、彼らの神々が祀られていたことは、その影響がデロスにも及んでいたことを示している。最後に、メソポタミア人やアラブ人、ビテュニア人やカッパドキア人がいた痕跡も遺っている。奴隷や解放奴隷が多数いて、後者の影響力がかなり強く、辻神崇拝者団《コンペタリアスタイ》をつくり、アゴラをもち、祭礼を行なっていた。

　このように雑多な住民が暮らしていたので、デロスという都市は独特の形をしている。ここではいくつもの地区が並存していたことが認められる。細い街路が走る商業港や劇場からなる地区があるほか、都市の中央には、アポロンの聖所、「アンティゴノスの列柱廊」やマケドニアの「フィリッポス五世の列柱廊」、商人たちのためのアゴラがある。劇場を越えて、東南方向へ、きわめて古い聖所（ゼウス、アテナ）の遺跡〔キュンティオン〕があるキュントス山のほうへ登っていくと、異国の聖所がある地区にたどりつく。この地区そのものが、デロスの宗教の特徴を示している。サモトラケ島の神秘的な神々に捧げられた「カベイロス神殿」[1]（カベイリオン）から遠くない所に、エジプトの宗教を代表するセラピス神殿、イシスやアヌビスの神殿がある。シリアの宗教を代表しているのが、ヒエロポリス（バンビュケ）の神ハダドとその配偶神アタルガティスに捧げられた礼拝堂と劇場である。これら宗教の恍惚と狂騒を伴う祭礼や密儀はアテナイを不安に陥れ、アテナイはそれを監視下に置いた。また注目されるのは、ローマがセラピスの公式神官を任命し、紀元前一一八／一一七年からはアタルガティスの公式の神官も任命していたことである。当然のことながら、アポロン、アルテミス、ポセイドンというギリシアの神々もその地位に変わりはなかった。いくつかの建物（たとえば「牡牛の聖所」）はいまだに何に使われたのかわかっていない。最後になったが、裕福な家の壁面には、西方の人びとに尊崇されたラレス神のフレスコ画が描かれていることが多い。

（1）密儀で崇められたフリュギアの地母神に由来する豊穣の神々。この信仰の汎ギリシアの中心地はサモトラケ島。ギリシアの密儀のなかでは、ディオニュソスの密儀についで有名。

このようなコスモポリタニズムがあっても、この地に芸術家が生まれたわけではない。在地の宗教基盤（アポロンとその伝説）はあまりにも変更が加えられ、外国の影響を受けていたからである。現地で発見された美術品はシリア人とギリシア人双方の影響を受けている。文学や哲学の学派があった形跡もない。それは当然のことであろう。しかし、デロスは、けっして蔑ろにはできない家屋建築を、とくに西方へ広めるのに貢献した。しかし、実際にそれが独創的なものであったのかどうかを評価することは不可能である。デロスの家屋はヘレニズム時代に人気が高かったギリシア様式から生まれた。その歴史的変遷を分析したのはR・マルタンの功績である。最も示唆に富む発掘は、紀元前五世紀についてはオリュントス〔在カルキディケ半島〕、紀元前四世紀についてはコロフォン〔在エフェソス北西〕とプリエネ、それ以降の世紀についてはデロスで実施された。本書では碁盤目状の通りからなる街区に建てられた家屋は検討の対象から除くことにしよう。デロスで重要なのは、都市計画ではなくて、家屋内部の造作の細部であるからだ。発掘された家屋は、不均等で、不規則な形をした通りに建つみすぼらしい住居であったり、ぽつんと建つ豪華な家であったりする。歴史的変遷の観点からは、後者が重要である。プリエネの家屋と同じように、デロスの家屋はほぼ長方形のプランでできていて、奥まったところに設けられた戸口と玄関とから通りに通じており、さまざまな大きさの中庭が設けられている。美しい家では、中庭は列柱廊で囲まれており、その南側の部分の建物が高く、幅が広いことが多い、これが「ロドス式《ロディアコン》」アトリウムである。列柱廊に面して、部屋や比較的豪華に装飾が施された広間《オイコス》が設けられている。中庭の中央にはモザイクがあり、これがきわめて深く掘られた貯水槽の上を覆っている。これらの住居で最も美しいのは、「仮面の家」と「三叉の矛の家」である〔プランは一五五頁の第7図参照〕。

デロスの家屋の装飾は広く普及した。ディオニュソスをテーマとした華美な色彩の装飾であり、一般的にいって、シリアで制作されたモザイクやフレスコ、それにスタッコで絵が描かれた壁面パネルで構成されている。装飾は建築に付随していて、ポンペイのように騙し絵によって柱や付け柱《ピラスター》が描かれることはない。色彩は鮮やかであり、壁は帯状に区切られている。ローマ人の家、あるいはローマ人が住んでいたいくつかの家には、神棚《ララリウム》があり、その絵には家庭で犠牲が行なわれる情景が描かれていて、ローマの宗教を知るうえで貴重である。この都市の住民を考えるとき、ギリシア起源のこれらの住居が、イタリア、それもプテオリ港と交易関係があるため、カンパニア地方で最初に採用されたのは当然であった。ついでイタリア南部全域に広がり、一世紀にはローマ、さらにガリア（たとえばグラノン〔後述〕）でも見つかっている。かくして、このような家庭生活の面でも、デロスはまさに世界に影響を及ぼしたのである。土地に限りがある民衆の居住地区では、数階建ての家屋が多く、オスティアやローマの家屋を予告している。しかし、数階建ての賃貸集合住宅はデロス特有のものではなく、アレクサンドレイアで生まれたものだ。ポンペイの幾幅かのフレスコ画を除くと、それを証明するものは何もないのだが。

デロスにはヘレニズム時代の他の都市で見られた知的・芸術的威光はないが、そのコスモポリタニズム、民族や宗教の蝟集《いしゅう》、活気あふれる交易活動、その収益の反道徳性によって、ヘレニズム時代のギリシアの最も典型的な様相の一つを示している。

Ⅲ　アテナイ

アテナイもヘレニズム時代のギリシアの最も典型的な様相の一つを示しているが、ロドスやデロスとは随分異なっている。政治的には、このデモステネスの都市は衰退した。アテナイは、アンティゴノス朝が独立したまま放置しておくには重要すぎたし、自力でこの王朝の支配を脱するには弱体すぎた。きわめて短い期間のあいだに、アテナイ人の気質は抜本的に変化したようである。自分を神として崇めるよう命じたアレクサンドロスの命令をなんとか受けいれてから二〇年が経つと、アテナイはデメトリオス・ポリオルケテスに迎合し、アンティゴノス一世父子に対してあまり名誉とはならない君主礼拝を行なう。しかし、その間に、ファレロンのデメトリオスの統治（前三一七～三〇七年）が人びとを堕落させ、「無気力にして」いたにちがいない。アリストテレスの弟子にして、テオフラテスの友人であった、このデメトリオスは、アテナイの徹底した民主主義を、かなり弱体化した穏健な体制に置きかえることによって、穏健ではあるが「専制的に」統治した。しかし、この政治・経済の後退期に創造の波が押し寄せ、メナンドロスのブルジョワ喜劇や哲学の二大学派（ゼノン派とエピクロス派）が生まれた。アテナイは勢力を失ったあと、別の栄光、それも比較的揺らぐことがない栄光を得ようとしていた。

　しかし、経済面でアテナイの重要性が低下することはなかった。市民が二万一〇〇〇人（ファレロンのデメトリオスによる前三一一年の国勢調査に基づく）、在留外人《メトイコイ》や奴隷がきわめて多数いて、いまだにアテナイは大都市であり、ペイライエウス港を有していた。その繁栄は紀元前二六〇年のマケドニアによる占領によって減速するが、紀元前二二九年にマケドニア軍の撤退によって「解放」され、紀元前一九六年にフラミニウスがギリシア都市の自由独立を宣言すると、繁栄が戻ってくる。アテナイはローマの優遇を受けて、かつて入植地《クレルキアイ》であったレムノス島・インブロス島・スキュロス島、そして当然のことながらデロス島、を奪還した。前述したように前一六七年のことである。紀元前二世紀末には、アテナイやギリシア本土の食糧供給にとっては、小麦の交易がきわめて重要であった。ペイライエウス港と密接な関係を保っていたのは、古き良き時代と同じく、黒海の生産者とポントス地方の港〔アミソス、シノペ〕であり、ついでプトレマイオス朝下のキュレナイカとエジプト、最後に、勢力を増大しつつあったペルガモンであった。ペイライエウス港はマッシニッサ王からもヌミディアの小麦を輸入する。次の時代（前一六七年以降）、アテナイの商人はデロスとの交易を活かして、オリーブ油・蜂蜜・美術品を輸出する。アテナイの「新型」のコインがデロスを支配する。オリエントの隊商都市でも同じである。そもそも、アテナイの通貨は、ペルガモン、セレウコス朝その他多くの都市の基軸通貨であった。アテナイのアンフォラはギリシアにもバルカン半島にも出まわっていた。このように繁栄が堅実であり、まさに実質を伴っていたので、ローマに不安を抱かせることはなく、第一次ミトリダテス戦争〔前八八～八四年〕になるまで続いた。アテナイはミトリダテス王から援助を受けたため、紀元前八六年、スッラによって占領され、略奪された。紀元前一世紀は、とくに骨董品や美術品の大きな市場であった。アテナイの彫刻家やすぐれた下彫り工は、スッラからウェッレスを経て、カエサルやキケロの時代にいたるまで、富裕なローマ人のためにたゆまず模刻する。アンティキュテラ島[1]やマディア島〔在チュニジア沖〕で沈没した船が西方へ運んでいたのは、彫像だけでなく、ブロンズ像、装飾に使う大理石、壁掛け照明器具、枝付き燭台、象嵌が施された豪華家具などであった。

（1）ペロポネソス半島南のキティラ島とクレタ島の中間にある島。この沖の古代の難破船から青銅像《アンティキュテラの青年》が発見された。

知的面では、哲学を除くと、アテナイは過去のうえに生きていた。シュラクサイからアイ・ハヌム（アフガニスタン）や上ナイルのプトレマイスにいたるまで、ギリシア人が入植したところにはどこでも、ギリシア文化を普及させた。壮丁教育《エフェベイア》は、遅ればせながら、カイロネイアの戦いからアレクサンドロス逝去までの独立を失った時期（前三三八～三二三年）に整備され、貴族が肉体的・精神的教育をほどこす施設となり、英国のカレッジのように、良家の子弟はスポーツの教育も受けた。外国、とくに、この制度がよく知られていたエジプトでは、ギリシア人が「体育場出身者クラブ《アポ・トウ・ギュムナシウ》」に良き伝統を残し、現地住民出身の若きブルジョワが「貴族のように」ギリシア化された。体育場《ギュムナシオン》の最終的な形ができあがったのはこのときのことである。それはレスリング場、列柱廊、勉学または会議用の部屋からなる総合施設であった。それゆえ、壮丁《エフエボイ》は文法・哲学・修辞学を学び、成人も熟年になるまでこれらの授業を受けようとする。アテナイはロドスとともに、とくに高等教育の都市となり、これは紀元四世紀までつづく。事実上、教授・哲学者・文筆家（詩人、科学者、医者は除く）は全員アテナイで数年を過ごし、好んでアテナイへ戻ってくる。

このようにアテナイはヘレニズムの学芸学校《コンセルヴァトワール》の役割を果たしていたので、王たちやローマ人が特別の計らいをする。ペルガモンのアッタロス朝はアテナイのために多大の貢献をした。他の汎ギリシアのセンターに対して行なったと同じように、アテナイに建造物を寄贈し、補助金を支給した。それはミレトス＝イオニア様式（エフェソス、プリエネ）に基づく壮大な列柱廊をもつ長方形のアゴラ（公共の広場）が確定されたときのことである。一般的にいって、アゴラ〔公共の広場〕は都市の碁盤目状のプラン〔例・キュレネ、ドゥラ・エウロポス〕に組みいれられ、ついでローマの建築家によって採用された。アテナイのアゴラは、かなり不規則な形をしていて、未完成であったが、その頃、列柱廊〔南の列柱廊、中間の列柱廊、アッタロス二世の列柱廊〕を建設することによって壮大な記念建造物群となった。列柱廊は周辺を規則正しい形に整え、眺望をよくし、屋外活動をしやすくした〔プランは図6（一二五頁）参照〕。エウメネスの列柱廊〔ペルガモンのエウメネス二世の寄贈〕によって、すでに旅行者の熱烈な巡礼の対象となっていたアクロポリスの南壁の基部が目立つことになった。アクロポリスはますます奉献された彫像であふれる。最後に挙げておくと、アテナイ南東部には、アンティオコス四世エピノァネスの寄付により、コッスティウスのプランに基づいて建立されたゼウス・オリュンペイオン神殿〔ハドリアヌス時代に完成〕がある。その林立するコリントス式の列柱は、まさに巨大建築を唱導しているかのようである。

彫刻は紀元前四世紀の巨匠〔ケフィソドトスとティマルコスはプラクシテレスの子〕を受け継いで、精力的に制作され、商業コピーがますます盛んになって、それほど独創性はないが、堅実な仕事をする。紀元前一世紀、「新アッティカ」の芸術——すなわちアポッロニオスとパシテレスの芸術——は、擬古主義《アルカイズム》からリュシッポスの伝統までの、すべての栄光ある過去から発想を汲みとる。

当時、アテナイは、以前にもまして哲学の中心地であった。とくにプラトンとアリストテレスがそれぞれ創立した学校、アカデメイアとリュケイオンによるところが大きい。哲学はサークルや研修所の事業となった。そこでは教師が日常の接触と共同生活を通して、小人数ではあるが優秀な弟子を育成する。

各学派には、伝統、規範とする著作、建物があり、学頭《スコラルケス》や信奉者がいる。その傍らには異端を唱える者がおり、さらに、競合する学派との教義上の諍いもあった。テオフラストス〔前三七一〜二八七年〕がいたアリストテレスの学園は素晴らしい実績をあげ、のちに科学分野での活動、とくに実験や分類学の領域において科学発祥の地となった。プラトン派は、神秘的な神権政治や初等幾何学では少々威光を失ったが、そのなかにあって知識の批判に専念した。知識の批判は、前世紀にピュッロンの懐疑主義に到達したあと、ローマ人に強い印象を与えた。この分野では、カルネアデス〔前二一五年頃〜一二九年頃〕が有名である。ソクラテスの教育から生まれたキュニコス派[1]も、この派にしてはあまり論理的であるとは思えないが、学園を設立し、倫理の「研究」という新しいジャンルをつくり、将来長くこの研究を続けることになった。しかし、大きな学派は、ゼノン派とエピクロス派である。

（1）ソクラテスの弟子アンティステネスが創立した学派。社会規範を無視し、自然に与えられたものだけに満足して生きる「犬のような」人生を理想とし、無欲、無所有を幸福の要件とした。

ストア哲学はアテナイに定住した在留外人《メトイコイ》の哲学であり、同時代の動向の中心であった。その創立者キティオン（在キプロス）のゼノン〔前三三五〜二六三年〕は、紀元前三二三年、アレクサンドロス逝去の直後に登場し、アゴラ（公共の広場）にあるストア・ポイキレ〔「フレスコ画が描かれた列柱廊」の意〕で教える。彼につづく偉大な学頭たちのなかで最も重要な人物は、キリキアのクリュシッポス〔前二八二〜二〇六年〕である。主なストア哲学者はキュレナイカや小アジアの出身者であり、さらに、バビロニアのディオゲネスやセレウケイアのアポッロドロスはカルディア人であった。これらの教師は政治活動をしない

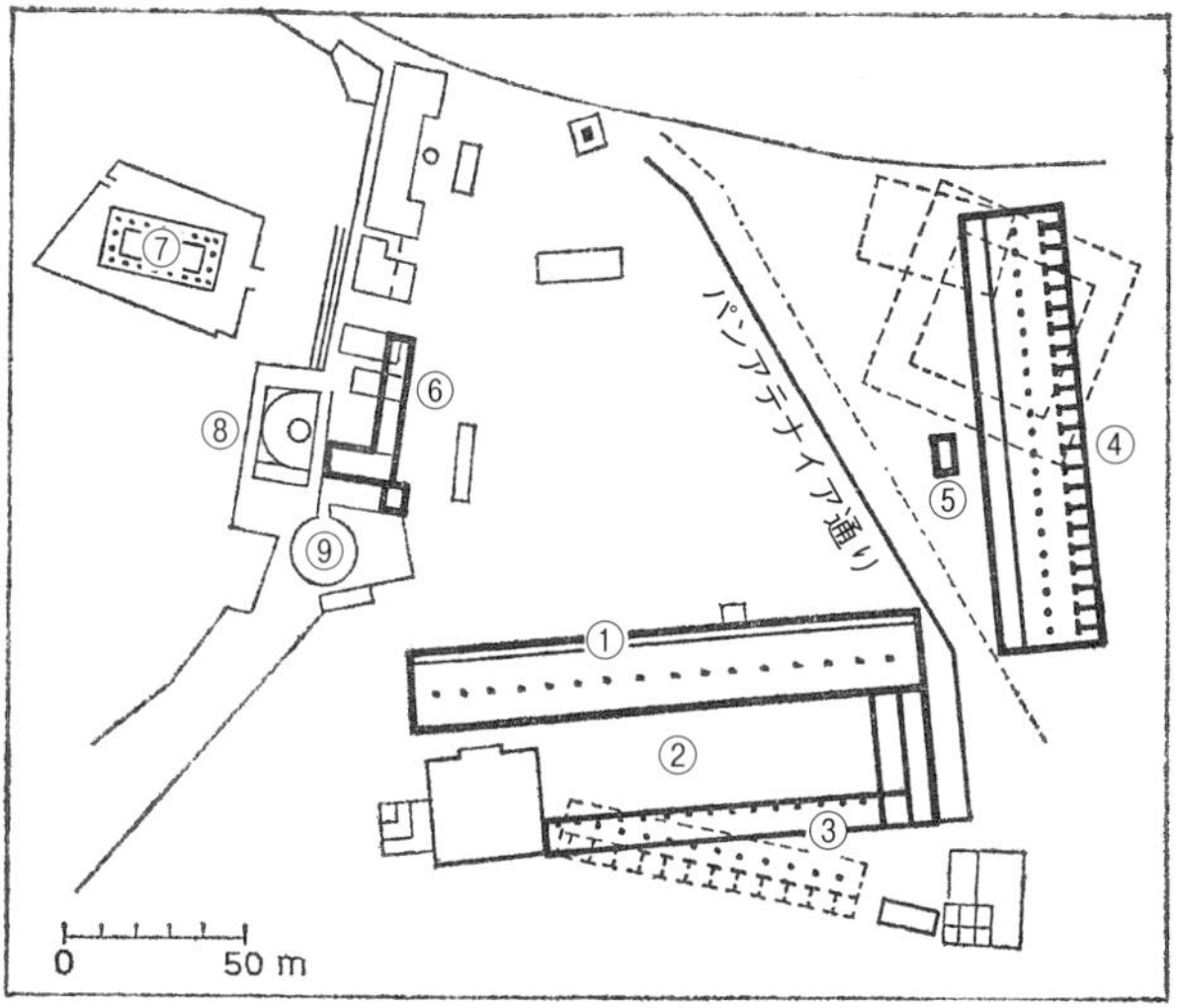

①中央の列柱廊
②プトレマイオン（体育場）
③南の列柱廊
④アッタロス２世の列柱廊
⑤演壇
⑥メトロオン（公文書館）
⑦ヘファイストス神殿
⑧ブレウテリオン（評議会場）
⑨プリュタネイオン（市庁舎）

図6　アテナイのアゴラの改築（太線部分が改築部分）

で、世界の説明、とくに個人の禁欲的な倫理を提案する。当時の「誠実な人」は、もはや市民ではなく、哲人であった。この教義はさまざまな基盤——その一部はギリシアの基盤——の上に築かれている。しかし、全能の思想が人と物の運命を決定し、哲人に「必然性」の法則を楽しく受けいれさせるストア哲学の神は、セム族に由来するものであった。その反面、ストア哲学者は、ギリシアの偉大な伝統に忠実であり、王や国政を担う政治家の顧問（アナクサゴラスとペリクレス、プラトンとシュラクサイの僭主たち、教育者アリストテレスとアレクサンドロス）となって、のちのイエズス会のように、社会の上層部で画策する。ストア哲学は理想主義的で、妥協せず、平等主義的かつコスモポリタン的であり、富者に厳しく、貧乏人や被抑圧者に正当に報いようとして、大胆な改革者（スパルタのクレオメネス三世、ティベリウス・グラックス）や革命家（ペルガモンのアリストニコス、おそらく前一三五から一三〇年のあいだにシチリア・アテナイ・デロスで反乱を起こした奴隷たち）に対して行動の指針を示した。

「ヘレニズム時代ほど、冥土への道を夢見た時代はなかったし、この世に社会的楽園を求めたこともなかった」（Ch・ピカール『芸術と人間』（R・ヒューグ編集）、第一巻、三三一頁）。この「ストア哲学の社会主義」（J・カルコピーノ）という表現は、宇宙のレベルまで拡大された神秘主義と「プラグマ主義」の精神というこの学説の二つの傾向をかなりうまく言い表わしている。

そのあと、中期ストア派の時代に、さまざまな方向が明確になった。ロドスのパナイティオス〔前一八五頃〜一〇九年〕は、アテナイで学び、ローマでポリュビオスやスキピオ・アエミリアヌスのもとで暮らしたあと、オリエント風の神学や重苦しい必然性が支配するという学説を取り除いた。彼は人間の自由と、行動に立ち向かう精神の優位性を強調した。これによっておおいにローマ人の共感を得た。逆に、シリア人アパメイアのポセイドニオスは、ロドスで教え、西方を訪問したことがあり、多くの著作を著わした教育者・神秘主義者であって、まさに知識の闘士であったが、どちらかと言うとオリエント的な宇宙の概念へ回帰し、物の相互作用を強調し、あらゆる神、あらゆる宗教、占星術や占いを受けいれ、思想の覚醒者として強い影響力をもっていた。彼の知識が多岐にわたっていたこと、現実全体を理解しようとする努力、天才的であると同時に漠然とした彼の「体系」によって、ポセイドニオスは、彼の時代——詩の創作や熱狂的な合理主義が迷信という不要物をすべて押し流してしまう紀元前二〜一世紀の転換期——の思想をよく代表していると思われる。

それに対し、エピクロス哲学は完全にギリシアのもの、いやアテナイのものであった。創始者エピクロスは、サモス島に移住した家族に属するアテナイ人であった。庭園を購入して、紀元前三〇七年に学園を創設し、そこで紀元前二七〇年に他界するまで教育に当たった。彼の学説の独創性と偉大さは、後継者たち《ディアドコイ》がアレクサンドロスの遺産を巡って争っている窮乏と闘争の時代に貧しく孤独な人間の代表者として現われ、青年時代から一瞬も和らぐことのない痛みが走る不治の膀胱の病に悩まされながらも、人間は幸福であるためにつくられたものであり、己一人のなかに幸福を具えており、哲学は死への準備ではなくて、「快楽」の追及である、と静かに言いきったところにある。しかし、どのような幸福が問題とされているのであろうか。

形而上学的な幸福ではない。彼にとっては、知識は感覚から入ってくるものであり、感覚でとらえうるものを超えることはめったにないからである。集団的な幸福でも、政治的な幸福でもない。人間は隠れて、家族をもたず、公的活動もせず、浮世の心配や無益な喧騒から離れて暮らすべきであるからだ。幸福とはまず消極的なものである。それは苦痛がないことであり、誰も手の届くところにある生理的欲求（パン、チーズ、水）の充足であり、精神の安らぎ、心の平静《アタラクシア》（不安の欠如）である。幸福を得るには、デモクリトスの原子論から着想され、原子の逸れ《クリナメン》（人間の自由の要素）(1) によって緩和された自然学を少し理解し、かつ、宇宙が機械論的なものであって、永遠で、無限であること、神々は宇宙の創造と維持に関係がないこと、われわれの魂は、きわめて小さな原子という物質からできていて、それが結合されている肉体と同じく死すべきものであり、したがって冥界の恐怖には恐れるべき対象がないことを知るだけで充分である（『メノイケウスへの書簡』のテクストの要点）。

（1）デモクリトスの自然学では、万事は空虚のなかを垂直に落下する原子の集散離合によって起こるとされる。原子に本性的に「逸れ（はずれ）」がないとすれば、すべてが宿命的に決まることになり、人間の自由は存在しえない。自由が存在することは、「原子の逸れ」があるからだとしたエピクロスは、デモクリトスの原子論を緩和したといわれる。

この学説は細部で緻密さを求めず、過度に単純化した説明で満足する。ルクレティウス（熱烈なエピクロスの信奉者で、おおむね彼に忠実な後世の信奉者）によれば（『事物の本性について』）、まさにそれこそ、諸悪の根源となっている恐怖や宗教的情熱から人を解放するために行なうべきことなのである。ひとたび解放されるや、選ばれた友、教養を同じくする者、さらに女性や奴隷も伴って、人は幸福な生活を送る。エピクロス主義はコスモポリタンであるだけでなく、親愛の情にあふれ、慈善的で、人間的である。

そのため、彼は唯物論者K・マルクスに尊敬され、A・J・フェステュギエール（『エピクロスと彼の神々』）に正当に評価された。友情は賢人の主要な善であり、師匠は弟子のなかで世俗的な聖人として生きて、長つづきする愛情を喚起し、自分を知る人に対し地上の神の記憶を遺した。

「知恵が全生涯の幸福のために与えてくれるあらゆる善のなかで、とくに友情の獲得が最大の善である」〔エピクロス『主要教説』二七〕、「友情は生活に必要だから生まれるが、人はまず自分から先に相手を助けねばならない（収穫をえるためには、大地に種を播かねばならないから）。しかし、友情が生まれるのは、快楽に満ちている人たちのなかで、ともに生きることによってである」〔ディオゲネス・ラエルティオス『ギリシア哲学者列伝』一〇、一二〇b〕、「友情はこの世を踊りめぐり、われわれ全員に　幸福に目覚めよと先触れしている」〔エピクロス、断片A五二〕。

教義は単純である。原則には厳格であるが、適用には寛容で、人間的であり、彼の論敵がのちに与える変形された図式とはずいぶん異なっている。エリートの意見を変更させ、マルクス・アウレリウスのような人物の出現によって統治の理念を備えたストア哲学ほど、エピクロス哲学は世に広まらなかったが、ギリシアで、いやローマでも、ストア哲学と同じように生きながらえた。エピクロス哲学は、ストア哲学よりも、解放の努力において、ヘレニズムの人間的な偉大さを具現しており、その単純さにて、この創造力が衰えた時期に、最後にアッティカ風の典雅な文体が寄与したのである。

第五章　隣接地域のヘレニズム

これまでヘレニズム文明のさまざまな側面を素描してきたが、その西方への浸透についてはあまり強調してこなかったと思う。ヘレニズム文明はギリシア古典文明より魅力的な文明であった。ギリシア古典文明は特異すぎて、シチリア・イタリア南部・マッシリア（現マルセーユ）のような直接入植が行なわれた地域を除くと、広まらなかったからである。ヘレニズムは、オリエントと接触を重ね、さらに幅広く、さらに人間的な意義をもつ合成を重ねることによって、アレクサンドロス大王のあと、新たな伝播力をもつにいたった。交易や政治が交流することによって、地中海の二つの地域がますます接近していたときのことである。このようにして、ずっと遠方の地域、すなわちカルタゴのあるアフリカ北部やイタリア全域（とくにローマ）まで広まったのである。

この問題は、優に一冊の書物を書くに値すると思われる。本書では、研究が細分化している状況を緩和するために、全般的な考察をすることによって注意を喚起し、示唆するところがあるいくつかの側面を分析するにとどめておこう。

I　東方と西方の関係

アレクサンドロス逝去のずっとまえから、ギリシア人は西方へ進出していたが、その進出地域は限られていた。紀元前八世紀からはシチリアとイタリア南部、紀元前六世紀初頭からはガリアとヒスパニアに進出したが、その進出は散発的であった。最後に、エトルリア人が、おそらく小アジアから来て[1]、紀元前六世紀以降、カンパニア地方に根をおろし、彼らの支配を通じてヘレニズム文化が伝えられた。ヘレニズム文化は、思想の面、とくに宗教の面ではオリエント化していたが、陶器、彫刻、青銅鏡の装飾では、ほぼ純粋な形で伝えられることもあった（R・ブロック『エトルリアの芸術と文明』）。

（1）近年、エトルリア人の起源の問題はトスカーナ地方における文化形成の問題であって、東方の民族（リュディア人、ペラスゴイ人）あるいは北方民族の移住によるものではないと考えられている。

大君主国の交易活動が拡大するとともに、紀元前三世紀からは、あらゆる次元で交流が密接になった。シュラクサイが果たした役割は、ディオニュシオス一世（前四〇五～三六七年）の時代にすでに目覚しいものであったが、ヒエロン二世（前二七五～二一五年）の時代にその頂点に達する。断続的に起こったことであるが、エペイロス王ピュッロスの英雄的遠征によって地中海中央部の諸国間の接触が増大する。エペイロスやマケドニアの王たちは短期間イタリア南部へ遠征し、シチリアを統治し、アフリカ大陸まで武勲を追求して、あわや、広大な領土を占領したアレクサンドロス直伝の威厳を示すところであった。イタリア南部では、紀元前二七〇年までのタレントゥム〔現ターラント〕はまだ「良き時代」であった。都市の伝統ではギリシア的、サムニウム人が住んでいることによって古イタリア的なところもあり、数十年間エトルリアの影響下にあったが、最終的にローマ化する文明の十字路たるカンパニア地方も、同様であった。同時に、この地方は、オリエントの港と直接交流がある港、とりわけプテオリ港、をもつという幸運に恵まれていた。

ディオニュシオス一世は、彼の治世（前四〇五〜三六七年）にシチリアを大幅にイタリアへ進出させた。紀元前三世紀の初頭、マメルティニ人が海峡の両岸、レギウム〔現レッジオ・ディ・カラブリア〕からメッセネ〔現メッシーナ〕まで占領した。カルタゴ人は、ずっと以前からシチリアに定住していて、同島西部の部族、とくにセゲスタのエリュモス人と密接な関係をもっていた。この部族はローマ人には「トロイア人」と考えられていた。ローマ人は彼らのウェヌス（エリュックス山のウェヌス）をみずからの女神とし、セゲスタと友好関係を保っていた。神話時代から、カルタゴやシチリアを経てラティウム沿岸に着くというアエネアスの彷徨は、すでに将来の接触のルートが示されていたのである。

実をいうと、ローマに与えた影響はきわめて複雑であった。ハンニバル戦争のまえは、ゆっくりとした、意識されない、間接的な浸透、すなわち「媒介者を経由した」ヘレニズムであった。この場合、徐々に征服されたイタリア南部、エトルリア人（とくにカエレとウェイイのエトルリア人）、ローマの同盟国にしてデルフォイのアポロンに忠実であったマッシリアが、それぞれ異なる役割を演じた。ハンニバルの戦争は、彼が戦線離脱したあと、一時的ではあるが激しい「ヘレニズム嫌い」を招いたが、それにすぐ続いたのが、フラミニウスとフルウィウス・ノビリオル(1)の「親ヘレニズム」である。ローマは、ギリシアを征服すると、ギリシアをマケドニアの軛《くびき》から解放し、アテナイを保護することによって、いまだに充実した知的活動が続いているギリシア本土と接触することになった。「紀元前一六〇年の世代」(P・グリマル『スキピオの世紀』)は、まだ古典主義に近かったヘレニズム文明を素早く吸収し、直接源泉からそれを汲みとった(ペルセウスの図書館、アカイアの「流刑囚たち」〔例・ポリュビオス〕と哲学者パナイティオスのローマ到来)。ついで、エジプトの発見——紀元前一三九年にアレクサンドレイアのプトレマイオス八世エウエルゲテス二世を訪れたスキピオ・アエミリアヌスの有名な旅行——、イタリア商人のデロス侵出、ローマに貴重な芸術品を大量にもたらした紀元前一四六年のコリントスの略奪、紀元前一三三年のペルガモン王国の遺贈、紀元前九六年のキュレナイカ——ドーリア人の伝統に基づき、いまだに古典主義がプトレマイオス朝の華々しい貢献を彩っている王国——の遺贈が続く。ミトリダテス戦争では多くの略奪が行なわれ、スッラは、ギリシアからは多数の美術品、東方からは政治の概念とカッパドキアの宗教をもち帰る。最後に、内戦によって、ライバルたちはナイル川から黒海まで駆け巡り、クレオパトラをまえにしてナイル川上流を訪れたカエサル、ついでアントニウスが現われ、激しい宗教上の不満を招く。オリエントの影響が頂点に達して、ついにアウグストゥスの反動にいたった。

(1)前一八九年、執政官のときにアイトリアを破り、アンブラキアを占領して、その地の美術品をローマへ送った。ギリシア文化の信奉者。

Ⅱ　政治に与えた影響

ヘレニズムが政治に影響を及ぼしたのは、まず、君主政に魅力があったからであり、ついで大ギリシア《マグナ・グラエキア》の都市（かつて僭主がいた）、カルタゴの商人貴族、ローマ共和政の由緒ある貴族になじみのなかったこの新しい政治形態が、とくに初期段階で、明らかに効率が良かったからである。

紀元前三世紀初頭からは、ピュッロスが権勢を張ったため、西方は痛手を蒙った。彼は飽くことなき野望の持ち主であったが、何事も息の長い企てに取り組むことができなかったので、大きな影響を及ぼすことはできなかった。エペイロスは、古代人にもあまり知られていなかったが、内部から絶対主義へ発展しようとした形跡がある。ピュッロス王は、アンブラキアやドドネで造営事業を行なったが、大国を築く時間的余裕をもっていなかった。この王はとくに個人の「卓越性」（ギリシア語でアレテ、ラテン語でウィルトゥス）がなしうることの例を示したにすぎない。

シュラクサイのヒエロン二世は別の点で大きな影響を及ぼした。この王はかつての僭主たちを引継ぎ、ディオニュシオス一世のようにヘレニズム王の先駆けであったので、僭主政治を調整することによって改革して君主政と同じにするという功績をあげ、そのうえ王を名乗った。この君主は、とくにプトレマイオス朝の手法を西方へ導入した。プトレマイオス二世フィラデルフォスから直接、かの有名なヒエロン法《レクス・ヒエロニカ》を導入したと思われる。この法律によって制度化されたのが、エジプト方式に基づく、農民からの十分の一税の徴収、人と財産の国勢調査、播種の時点で収穫時の王の取り分を決める徴税契約、特定分野ごとに国家から徴税権を購入する「徴税請負人」の独占的な役割であった。彼の治世は長期に及んだので、領土が小さくても、管理さえよければ、ヘレニズム方式でやっていけることを万人に示した。当時、シュラクサイは大首都の一つであり、そこにはテオクリトスやアルキメデスが暮らしていて、紀元前二一一年、マルケッルス(1)の傭兵はその豊かさに吃驚した。シュラクサイはすべてを外国から導入していたわけではない。というのも、のちにウェッレスが趣味の良さを発揮するが、彼の美術品を見る目は、まさにシュラクサイにおいて、同市の彫金工に制作させた美術品によって培われたものであったからだ（キケロ『ウェッレス弾劾』）。

（1）M・クラウディウス・マルケッルス（前二二二年執政官）。ポエニ戦争最中の前二一三年、海陸両面からシュラクサイを包囲し、前二一一年、同市を陥落させた。

カルタゴ人は長いあいだギリシア文化を敵視していたが、あるときヒエロン二世と同盟を結び、彼の威厳に無関心でいられなくなった。カルタゴの商人貴族は、みずから支配に汲々としていて、紀元前三世紀以降、ますます有力家族の野心の標的となっていた。これら有力家族の指導者はシチリアの僭主やオリエントの王たちの業績に感化されていたのである。ハミルカル・バルカ（ヒスパニアを征服したハンニバルの父）やハンニバルは、ヘレニズム君主から多くのことを学んでいた。大掛かりな行動を起こす趣味、個人の「卓越性《ウィルトゥス》」を追求するセンス、民衆や兵士のもとに芽生えていた「個人崇拝」をみずからの計画に活用する知恵を学びとっていたのである。ハンニバルにはカルタゴ商人らしいところが少しもなく、彼の心性にはギリシアの英雄のようなところがあった。行き届いた教育を受け、帝王学を授けられていた。ギリシア語を完璧に話し書くことができたし、ピュッロス、アンティゴノス二世ゴナタス、アレクサンドロスの例をまねて、師のソシュロスを自分の修史官に任命した。突如、農事家になったり、徴税官になったり、法律家になったりしたが、ギリシアの書物によって先人の軍事技術を研究していたと思われる。少なくともラキニオン〔南イタリアのクロトン南東〕のヘラ女神のようなヘレニズムの神々を崇拝し、マケドニアのフィリッポス五世（後述）との条約でヘレニズムの神々をポエニ人の神々と同一視することになんら違和感を覚えず、イタリア南部で一五年を過ごし、そこにみずから好んで自分の公国を築いていたと思われる。しかし、最終的には、アンティオコス三世やビテュニア王プルシアス一世のもとで生涯を終えた〔前一八三／一八二年〕。オリエントの宮廷では意見が充分聴きいれられなかったが、けっして故郷を懐かしむことはなかった。

ローマで最初に新しい潮流を受けいれたのは、凱旋将軍スキピオ・アフリカヌスである。スキピオは法に違背して通常より早く出世したため、非凡と考えられ、おそらく、王という肩書きで歓迎しようとした——このこと自体大きな意味がある——ヒスパニア人の庇護者のあいだで広まっていた指導者崇拝に毒され、自分の行動を高く評価する神的カリスマ性に関する驚くべき風聞を広がるがまま放置した。紀元前二〇二年から一八九年のあいだに、彼が属する党派の貴族たちは、ローマの運命の女神《フォルトゥナ》（ギリシアの運命の女神（テュケ）に由来することは明らか）に対し数基の神殿を建立する。彼自身、ユピテル・

カピトリヌスを顧問とする。シチリア、アフリカ、オリエントで属州総督を務め、贅沢好きの絶対君主として行動し、政敵に告発されたが、会計報告のため帰国するのを拒否する。この一ローマ貴族の前代見聞の態度、これがカトーの厳しい反発を招いた。これはすでに筆頭の最高命令権保持者《インペラトル》が王国趣味《レグヌム》をもっていたことを示している。教養のないマリウスを除いて、スッラやカエサルよりまえに登場した共和政の政治家は、全員共闘しようとせず、無能で、個人の権勢を求めようとする傾向があった、と指摘されている。T・グラックスは、かつてクレオメネス三世がスファイロスから教訓を得たのと同じように、ストア哲学者であるクマエのブロッシオスから忠告を受けていた。彼の弟ガイウスは、必要とされる軍隊をもたずに、護民官をペリクレス流の軍事司令官《ストラテゴス》にしようとする。ギリシアの影響を強く受けた彼の友人たち（ポリュビオス、ラエリウス）のサークルのいうところを信ずるならば、スキピオ・アエミリアヌスは、すでにさまざまな面で脅威に曝されていた共和政にあって、ストア哲学を信奉したアンティゴノス二世ゴナタスのような開明的元首の役割を演じることになっていたと思われるが、ヘレニズムの王たちの遺産からは、教養とヒューマニズムを学んだだけである。彼が政治の面で無為無策であったのは、あまりにも急速に吸収された文化によって父祖の徳が硬直化していたことを示している。激しい情熱に駆り立てられた没落氏族の後継者であるスッラやカエサルは、同様のためらいを覚えることはない。彼らはオリエントと接触することによって、神的カリスマ性――多数の神官による礼拝やヘレニズムの運命の女神《テュケ》にかなり似た神々（それぞれウェヌス・フェリックスとウェヌス・ゲネトリクス）の公然たる加護を受けた「前＝神格化」（J・バイエ）――に基づく個人的君主政《モナルシー・ペルソネル》に関心を抱くようになった。スッラの計画については異論があるとしても（後述する点を参照）、カエサルがローマにヘレニズム方式の君主政を敷こうとしていたことは間違いあるまい。J・カルコピーノが考えたように、カエサルは西方のガリア人から支持されていたので、極端なオリエント化はある程度避けられたとしても、帝国の創始者カエサルが心底に秘めていた性向は変わらなかった。ルペルカリア祭の日に、彼はあわや王《バシレウス》の王冠《ディアデマ》をかぶるところであった。彼の政敵は、クレオパトラがカエサルにアレクサンドレイアを首都にさせようとしていると思っていた。カエサルの業績と愛人を受け継いだアントニウスは、精神の平衡感覚を失っていたから、おそらくこれを回避しなかったであろう。

偉大な政治家なら誰しも、まさしくヘレニズム的な行政方式を、あまり目立たない形で借用することに関心をもったはずである。たとえば財政や税収の面では、エジプト、シュラクサイ、ついでペルガモンを知ったことによって、ローマによる属州の搾取にさまざまな影響を及ぼしたことが認められる。十分の一税が広く普及し、徴税請負人との賃貸借契約が増加した。商取引の技術はデロスで改良されたし、そこではオリエントの団体が徴税請負人会社や商人《ネゴテイアトル》の組合と競いあっていた。

ローマが属州を設置したとき、属州総督《プロコンスル》が置かれた。属州総督がその管轄区域でもっていた軍事および民生上の権限は、属州総督つき財務官といった補佐官《プロマギストラトウス》（民生関係の補佐役）がついたオリエントの軍事司令官《ストラテゴス》を想い起こさせる。当時、属州総督は国民の選挙で選ばれた公職経験者であって、王に仕えているわけではなかったが、のちに両者が似ていることが明確になる。「皇帝の代官《レガトウス・アウグストウスティ》(1)」と王の配下にいる軍事司令官《ストラテゴス》とではどんな違いがあるのだろうか。

（1）皇帝が直轄する属州を統治する総督の肩書。元老院が管轄する属州には、属州総督（プロコンスル）が置かれ、その補佐官として法務官格代官（レガティ・プロ・プラエトレ）が置かれた。

西方ではどこでも、都市活動が文明の進歩に果たす役割が理解されていた。ピュッロスはアンブラキアを美しい建造物で飾った。紀元前一九六年、ハンニバルは貴族支配に反対し、「僭主的」手法で祖国を再建した。ヌミディア王のマッシニッサやミキプサは、遊牧民を定住化させて定常的な税収の基礎を築き、ギリシア人の建築家に首都のキルタ（現コンスタンティーヌ）を美しい建物で飾らせた。これらの建築家は文人や哲学者を伴っていた。ドゥッガ、ジェルバ、サブラタの霊廟はヘレニズム時代の小アジアに由来する。マッシニッサは紀元前三世紀末から自分のコインにヘレニズム時代の王冠《ディアデマ》を刻ませ、アテナイやデロスに小麦を送り、死後ドゥッガの神殿で神として崇められた。

確かに、ローマによる入植地の設置は、もともとほかのニーズに応えるものであった。ガイウス・グラックスは、父センプロニウスがかつてヒスパニアで、紀元前一七七年から一三三年の中断のあとグラクリスを創建したように、廃墟と化した都市（たとえば、カルタゴ、コリントス、タレントゥム）の復興を提案する。リウィウス・ドルススはイタリア南部に新しく一二の都市を建設しようとして人気を落とす。もちろん、都市開発によって、ハンニバル以来荒廃していた地域を復興しようとしたのである。やがて紀元前一〇七年のマリウスの改革のあと、将軍たちは配下の退役兵に土地を割り当て、定住させようとする。プトレマイオス朝・セレウコス朝・アッタロス朝が傭兵を入植地《カトイキアイ》に定住させたのと同じである。そもそも、無産者の入隊が認められて以来、ローマの軍隊は総じて傭兵となり、指揮官を生来の恩人とし、地上に降臨した神と考える傾向をもつにいたる。紀元前九一年から八八年まで続いた内戦のあと、イタリアは自治市の活動によって統一を図ろうとする。ガリア・ナルボネンシスは、初期の皇帝がそれぞれ創建したカエサルの植民市《コロニアエ・ユリアエ》とアウグストゥスの植民市《コロニアエ・アウグスタエ》によってローマ化される。セレウコス朝のアンティオケイアやラオディケイアと同じである。このように、ローマ帝国の都市化の根底には、ヘレニズム時代のオリエントがあると考えることができよう。

Ⅲ 西方の宗教のヘレニズム的形態

カルタゴ人は、ヘレニズム思想と非常に異なった、セム族の基層から生まれた伝統的な宗教に固執していると考えられていた。しかし、G・ピカールの最近の研究（『古代アフリカの宗教』）によると、紀元前四世紀からカルタゴに変化が生じ、それが紀元前三世紀に顕在化することが判明した。テュロスとその基軸通貨がプトレマイオス朝の制度に統合されたこと、アレクサンドレイアとカルタゴの関係が直接またはキュレナイカ経由で強化されたこと、ギリシア人がアフリカ、カルタゴ人が東方に居住していたこと（プラウトゥスは『カルタゴ人』において、ギリシア本土で知られているカルタゴ商人（国際的な女郎屋）のテーマを取りあげた）、これらすべてによって、由緒あるディドの都市カルタゴはギリシアの影響下にあったのである。

ハンニバルとマケドニア王フィリッポス五世が締結した条約〔前二一六年〕のテクストは、その解釈には細部で難解な点もあるが、カルタゴとギリシアの神々のあいだで、ある種の同化が起こったことを示している。

ハンニバルとその同胞が誓約したとき証人となった神々は、当然のことながら、カルタゴの神々であった。すなわち、その誓約は、「ゼウス、ヘラ、アポロンの立会いのもと、カルタゴ人の守護神《ダイモン》、ヘラクレス、イオラオス〔ヘラクレスの友人〕の立会いのもと、アレス、トリトン、ポセイドンの立会いのもと、われわれとともに戦った神々であるヘリオス〔太陽の神〕、セレネ〔月の女神〕、ゲー〔大地の女神〕の立会いのもと、大河、湖、大洋の立会いのもと、カルタゴを支配するすべての神々の立会いのもと、マケドニアとそれ以外のギリシアを支配するすべての神々の立会いのもと、この誓約をとりしきるすべての軍神の立会いのもと」〔ポリュビオス、七、九、二～三〕で行なわれた。バアル・ハモンとタニトはそれぞれゼウスとヘラと同一視できるかもしれないし、メルカルトはヘラクレス、ハダドはアレス、エシュモンはイオラオス、カルタゴ人の「守護神《ダイモン》」はアスタルテと同一視できるのかもしれない。

さらにもっと意義が深いのは、前述したように、ヘレニズム時代にきわめて重要であったディオニュソスの宗教がデメテルの宗教と接触したことである。紀元前三九六年以来、カルタゴ人は、験《げん》の悪い略奪を贖《あがな》うために、シチリアのデメテル（小麦の播種の女神）の密儀を勧請していた(1)。この女神に対して神殿が建立され、ギリシア人の神官によってギリシアの祭儀にのっとり礼拝が行なわれていた。小麦の初穂の供儀で使われた供物入れ《ケルノス》が出土していることから、カルタゴでも

「初穂を入れた供物入れを担ぐ祭礼《ケルノイフオリア》」が行なわれていたと推定されている。マッシニッサは、ケレレス（デメテルとコレ）の農業祭をヌミディアへ移入した。サッルスティウスによると、この祭りはユグルタの時代にはアフリカ全土で催されていた。カルタゴがローマに征服され、カエサルによって都市が再建されたあと、帝政下でケレレスの祭祀が広まった。エレウシスの密儀が移入されたことによって、紀元四世紀から葬礼方法も変更される。すなわち、伝統的な土葬がギリシア起源の火葬に変わる。おそらく、火によって肉体という外皮から解放された不死の霊魂《プシケ》に対する信仰が存在していた兆候であろう。これも古イタリアのピュタゴラス派や星に基づく終末論の名残りであろうか。

（1）この年、カルタゴ軍がシュラクサイ郊外の「デメテルとコレの神殿」を略奪したあと、宿営地に疫病が蔓延し、カルタゴはシュラクサイのディオニュシオス一世によりアフリカへ追い返された。カルタゴは疫病の蔓延は軍の瀆神行為のせいとし、これを償うためデメテルの勧請を決定した（ディオドロス『歴史叢書』一四、五四〜七六）。

ディオニュソスの祭祀は、明らかにセム族ブルジョワの都市でも人気を博し、オリエントの強い影響を受けていたと考えられるが、カルタゴにも根をおろす。墓碑に、ディオニュソスの混酒器《クラテル》や密儀用の聖具箱《キステ》が刻まれているからである。他方、最近では、フェニキアの神または守護神《ダイモン》であるシャドラパ（エジプトでホルスと同一視された幼い治療師）が、ディオニュソスと同一視された古イタリアのリベル神と関係があるのではないかと指摘されている（A・ブルール『リベル・パテル』）。「タニトの印」が刻まれた石碑のうえにヘルメスの杖《カリュケイオン》が描かれていることは、ヘルメスが勧請されていたことを示している。ヘルメスはタニト女神の従者であったのだろう。したがって、特定のギリシアの神々をカルタゴ的に解釈していること、デメテルの祭祀を無条件に勧請したこと、簡単にいうと、カルタゴ自体にギリシア商人の有力な居留民団が存在するため、シチリア経由であれ、キュレネやアレクサンドレイア経由であれ、遅ればせながらも由緒ある都市カルタゴがギリシアの民間宗教に開放されたことが認められるのである。民族主義的であった貴族も、バルカ家〔ハンニバル一族〕に熱をあげていた民衆のコスモポリタン的圧力に屈したのかもしれない。ローマとカルタゴというギリシア化されつつあった二つの国の溝は埋まっていた。彼らの戦いは、二つの民族あるいは二つの文明の対立ではなく、二つの帝国主義の衝突であった。

　ローマの宗教やその紀元前四世紀からの発展については、ほぼ説明しつくしたので、以下略述しておこう。あらゆる面で、オリエントを征服するずっとまえから、ローマは、エトルリア地方、カンパニア地方、タレントゥム、最後にシチリアを経由してギリシアの文物に接していた。参考までに、主な伝統的な神々のギリシア的解釈（ユピテル＝ゼウス、ユノ＝ヘラなど）――ラテンの神性《ヌミナ》の擬人化には重要であるが、図像学はともかく、宗教心にはあまり重要でない――を考えてみると、まずアポロン信仰の普及が注目される。これについてはJ・ガジェの素晴らしい研究がある。とりわけ、問題とされているのは、ウェイイのエトルリア人によって再認識された、まったくヘレニズム的要素をもたないデルフォイのアポロンである。これと同じように、純粋にギリシア的な神は、デメテル（この女神の比較的魅力的な像は、すでにカプアでヘレニズム化されていた古イタリアのケレスをかなりデフォルメしたもの）と、タレントゥムのヘラクレス（商人によってローマの牛広場〔フォルム・ボアリウム〕に招来されていたが、紀元前三一二年、アラ・マクシマ〔ヘラクレスに対する祭壇〕を建設したとき「国民の神となった」（J・バイエ））である。

ディオニュソスの祭儀が広まっていることは、かの有名な紀元前一八六年のバッコス祭の禁止によって劇的に暴露されたが、ローマ古来の厳粛さにあまり馴染まない乱痴気騒ぎを伴なう密儀に対するローマの受容力を示している。港湾地区には混血した人びとがいた。ハンニバル戦争のとき古イタリア系の捕虜（とくにタレントゥムの捕虜）が来住していたからである。ディオニュソスに対して公の祭礼を行ないながらも、ローマ人は長いあいだバッコス信女《マイナス》の過激な行進や結社《ティアソス》の秘密主義に反感を覚えていた。紀元前一世紀、ローマでよく知られていたプトレマイオス十二世アウレテス（ネオス・ディオニュソス）、ローマの不倶戴天の敵ミトリダテス、最後にクレオパトラの傍にいたアントニウスがこの宗教を利用したので、この神は公的な世界では信用を失墜した。アウグストゥスは、とくにアポロンの保護者であり、かつまったくローマ的なマルスの保護者であった。

その一方で、政治的状況が変化し、古来の伝説が再評価されたため、ペッシヌスの大地母神キュベレの祭祀は難なく移入された。しかし、考慮しておかなければならないのは、紀元前二〇四年にローマがアッタロス一世から送られたフリュギアの霊石を受けとることができたのはペルガモンと友好関係にあったからであること、古くから広まっていて、ピュッロスの時代に再びとりあげられた「トロイア伝説」によって、はるか昔「ベレキュントス山〔在フリュギア〕の霊石」（ウェルギリウス『アエネイス』六、七八三）が厳かにパラティヌス丘に安置されたと説明されたことである。そもそも、キュベレの祭祀を担当する去勢された神官は神殿に閉じ込められていたし、陪神アッティスは性器切除の件でローマ人の羞恥心を傷つけるので、ローマで受けいれられたのは、帝国初期になってからであった。

エジプトからは、とくに紀元前一世紀から、セラピスとイシスの祭祀が民衆のあいだに広まる。これらの祭祀はエキゾチシズムのため長いあいだ疑いの眼《まなざし》で見られていた。すでに検討したように、イシスの祭祀は最もギリシア化されていなかった祭祀である。今回は、デロスの商人やプテオリ港が重要な役割を演ずる。ポンペイには、ローマ市よりずっとまえからイシス神殿があった。ローマ市では、帝政以前に数回、イシス信者会が多少まともに政治クラブ《コレッギア》と同じと見なされ、活動停止を命じられた。紀元前四九年から三一年にかけて、絶え間ない政争や内乱に乗じて、エジプトから、はたまたイオニア地方やイタリア南部からも、奇妙な「メシア待望論」が到来する。政治的誹謗文やウェルギリウスの『牧歌』の第四歌から、これを読み取ることができる。かつて行なわれた、サトゥルヌスの黄金時代に関する啓示は、エトルリア流の至福千年説（世紀の祭典）やシビュッラ祭祀(1)（エリュトライ〔在・キオス島の対岸〕、クマエ）によってよみがえり、世界を救う神の子の誕生を予告することによって、人びとの心性を揺さぶる。ヘレニズム時代末期の、これら神の子（ディオニュソス、ハルポクラテス、ホルス、シャドラパ）の宗教についてくどくど説明しなくても、これらの傾向がもっているオリエント色に驚かざるをえない。そのとき、ユダヤ教そのものも、ギリシア化されていようと、されてなかろうと（死海文書）、まさにメシアを待望していたのである。

（1）シビュッラとは恍惚状態になって予言する巫女のことで、地中海の多くの地方にいた。神託伺いがあったかどうかにかかわらず、主として世界と人類の歴史の転換期について予言した。これらの予言を編集したものが「シビュッラ予言書」である。

Ⅳ　思想と芸術

P・グリマルが教育とヘレニズム思想のローマ移入について書いた『スキピオ家の世紀』という素晴らしい書物を読む必要がある。現代人には誤解されることがある大カトーの努力にもかかわらず、紀元前一八九年に彼によって排斥され、紀元前一八三年に他界したライバルのスキピオ・アフリカヌスが、死後カトーに勝ったことは確かである。ローマのヘレニズム化は、政治の面ではスッラやカエサルの時代に行なわれたが、教育の面ではもっと早く実現されていたのである。元老院がギリシアの哲学者や修辞学者をローマから追放したにもかかわらず――このこと自体、青年に影響力があったことを示している――、ギリシアで生まれた新しい教育《パイデイア》は、高額の費用をかけて招聘した家庭教師や師匠を通して貴族の私邸に広まっていた。P・グリマルは次の二つの出来事の重要性を強調している。ピュドナの戦い（前一六九年）のあとペルセウスの図書館――もともとアリストテレスが創立し、アンティゴノス二世ゴナタスが引き継いだアレクサンドロス大王の図書館で、勝利したパウッルス・アエミリウスが自分の子たち（その一人がのちのアエミリアヌス・アフリカヌス）の教育のため残しておいた唯一の戦利品――をローマへ移設したことと、アカデメイア派のカルネアデスが紀元前一五五年に行なった衝撃的な講演である[1]。P・グリマルは、ポリュビオスやスキピオ・アエミリアヌスの周辺に見られる「紀元前一六〇年世代」

の精神のギリシア化について正確に分析している。

（1）カルネアデスは、都市オロポス攻撃に関する罰金の減額を要請するため、アテナイの使節の一員としてローマへ派遣された。ローマ滞在中の前一五五年、「正義について」と題して講演し、初日には正義を称賛し、正義の存在を肯定しながら、翌日にはこれを論駁して、正義は徳性の与件ではなく、社会秩序維持のために必要な道具にすぎないとして、その存在を否定した。大カトーはこのような思想がローマに有害と判断し、使節を直ちに帰国させるよう元老院に要請した。

この『スキピオ家の世紀』の巻末の補遺に収録されている、とくにスキピオ・アエミリアヌスの青年時代の、ポリュビオスとの個人的関係に関するテクストを読んでいただこう。「（ポリュビオスがいうには）貴殿や令弟がかくも熱意と情熱を傾けていられる文芸については、貴殿らに対して知識をお教えする教師にはこと欠かないでしょう。ローマのどこにでもギリシアの知識人があふれているからです。しかし、貴殿が示唆しておられる積極的かつ戦闘的な活動については、私より信頼が置ける助言者や指導者を見つけることはできないでしょう[1]」（一九八頁）。

（1）原典は、ポリュビオス『歴史』（ビュットナ・ヴォプスト版）、三二、九。

紀元前二世紀前半以来優美さに魅せられたローマ精神の研究を論じた、この書物の明晰な一節を再度取りあげるよりも、スッラの時代（前一〇〇～八〇年）にヘレニズムがもっていたもっと複雑な側面を検討しておこう。おそらく、この時代こそ、ローマ市がヘレニズム時代の都市に最も近づいていた時期であろう。

スッラは、略奪したアテナイからトロイア（ここでミトリダテスとダルダノス条約を調印）やカッパドキア地方（スッラ配下の兵士がこの地からマー女神[1]の過激な宗教を持ちかえった）にいたるまで、オリエントを熟知していたので、運命《フォルトゥナ》の女神とウェヌスの加護を受けた終身独裁官という立場を利用して、古来の国制を巧みに組替え、みずからを「幸運《フェリクス》」（ギリシア語ではエパフロディトス）と称し、まさに王冠をかぶらぬ個人的君主《モナルク・ペルソネル》として、あわやローマにペルガモン型の君主政を樹立するところであった。閥族《ノビリタス》はその危険性を充分察知していたので、それが実現するのを拒否したが、同時代の思想や芸術をつぶさに検討すると、J・カルコピーノの「挫折した君主政」に関する理論は新たに真実味を帯びてくる。

（1）カッパドキアの豊饒の女神。ローマでは戦争の女神ベッロナと同一視され、マー・ベッロナと呼ばれた。

それはホルテンシウスのおかげで弁護士業が初期の大成功を収めた時代のことであった。彼の「豪華に飾りたて、比喩に富み、人びとを惹きつける弁舌は、小アジアのギリシアの学校のすばらしい長所（を具えていた）」（J・バイエ『ラテン文学』、一七八頁）。紀元前九四年にプロティウス・ガッルスの学校が開設され、ギリシア人ヘルマゴラスから想を得た教則本『ヘレンニウスに与える修辞学書』[1]が出て以来、修辞学はすでにローマで教育されていた。キケロはこの時代に修行を積み（前一〇六年生まれ、スッラの時代に頭角を表わす）、性格は心底からローマ人であり、弁論術の面ではアジア風の言葉遣いの影響を受け、そのあと、紀元前七七年に訪れたロドスの教師たちに感化されて、その言葉遣いを練習した。演劇は前世紀にプラウトゥスやテレンティウスを輩出し、重要な地位を占めていたが、いまや衰退期にあった。しかし、おそらくカトゥッルス（前八七年生まれ）に影響を与えたと思われる恋愛詩人ラエウィウスや文法家ウアレリウス・カトーの登場とともに、アレクサンドレイアの文学が初めて成果を挙げはじめた。

（1）前八六年頃にラテン語で書かれた修辞学書。長いあいだキケロ作とされていたが、こんにちでは、おそらくコルニフィキウスの作と考えられている。

ローマ人は、当時の哲学の諸学派から、アカデメイア派と中期ストア派を選んだ。その二つを組み合わせたのがキケロ流の折衷派である。パナイティオスが理性に基づき活動的な人物の自由を築こうとして教育したのは、ポリュビオスがローマ人に対してローマの偉大さや歴史の「プラグマティックな」価値を教えていた時代のことである。彼の影響を受けて、かつての年代記編者たちの狭い視野が急に広くなった。もっとのち、「ギリシアの手本」（その一人がトゥキュディデス）から想を得たサッルスティウスはいうまでもないが、センプロニウス・アセッリオ[1]が紀元前一一〇～九一年に執筆したと思われる序文に、ポリュビオスの思想が認められる。アセッリオは、良心に恥じることなく、初めて自国の同時代史に新しい方法を適用した。

（1）歴史家にして、ヌマンティアの戦いの軍団司令官。彼の同時代史は散逸。

「年代記を遺した人たちとローマ国民の歴史を書こうとした人たちとは、一般的にいって、次の違いがある。年代記は毎年起こった出来事を……記述するにすぎない。われわれは、起こった出来事を述べるだけでは充分でないことを認め、どんな意図で、どんな理由から行なわれたのかも解明したい。……年代記では、国家の防衛を激励することも、悪事を止めさせようとすることもできない。戦争中に行なわれたこと、元老院決議がなされたり、法案や法が可決されたことを示さずに、戦争がどの執政官のときに始まり、終わったのか、凱旋したのは誰か、を述べてみても、それは子供たちに寓話を語ることであり、歴史を書くことではない」〔アウルス・ゲッリウス、五、一八、八～九〕。この、論争を挑むような、きわめてわかりやすい口調は、アセッリオが変革を成し遂げ、それが大きな影響を与えていたことを示している。

スッラの時代、知的エリートを教育したのはポセイドニオス（前八六年ローマ訪問、おそらく前五一年死亡）であった。彼の影響は推測しがたいが、相当なものであり、彼の多才ぶりにふさわしいものであったようだ。スッラの王国《レグヌム》の末期にポセイドニオスの授業を聴講したキケロによると、ローマ人にヘレニズム文化全般を理解させたのは、彼であった。彼がもっていたオリエント趣味や迷信の香気は弁論家に非難されたが、キケロと同時代人であったピュタゴラス派の魔術師ニギディウス・フィグルス(1)は、それに無上の喜びを覚えた。

（1）前五八年の法務官。キケロの友人。ゲッリウスによると、ウアッロについで該博な知識を有していたとされる。ファルサロスの戦いでポンペイウスに与し、カエサルに追放され、前四五年死亡。

一世紀このかた、ローマ市の様相は一変していた。ヘレニズム建築の最初の影響が認められるのは、紀元前一九三〜一九二年頃に行なわれた牛広場《フォルム・ボアリウム》地区における商業港と列柱廊（実用的な建造物だが、けっして都市生活の中心部分ではない）の建設である。しかし、同じ時期、マルスの野に出現したもう一つの列柱廊は、ローマ最初の、店舗が並ぶ商店街の例ということができる。

バシリカは、ペルガモンやシリアにあった「王の列柱廊《バシリカイ・ストアイ》」に由来し、ギリシアの影響を受けたオリエントの公共建築の技術を直接導入したものである。その最古のもの——興味をそそる象徴——がカトーのバシリカ（前一八四年建造）であるが、現在何の跡形《あとかた》も遺っていない。それに続くのがバシリカ・アエミリア（前一七九年）であり、その建造には都市計画の配慮が窺がえる。アッタロス朝によってアテナイのアゴラ（公共の広場）に適用された技術に基づき、フォルム・ロマヌムの四辺を規則正しい形に整えたからである。つぎに建てられたのがバシリカ・センプロニア（前一六九年）〔バシリカ・ユリアの前身〕であり、前述したバシリカ・アエミリアと、フォルムをはさんで向き合っていた。スッラは公文書館《タブラリウム》を建てることによって、カピトリウム丘に沿って高層のファサード〔正面〕をつくり、フォルムの一辺を閉じた。これらのバシリカには列柱廊が付けられていたので、フォルムはギリシアのアゴラ（公共の広場）の観を呈するようになった。だが、無秩序な状態にあるローマ市の内側は手つかずの状態であった。ローマ市の宗教上の過去とあまりにも深く関係があるため、全面的な改修ができなかったからである。しかしながら、スッラは新たに通りを通し、アーチ型構造物のうえにカピトリヌスの坂《クリウス・カピトリヌス》を設けたようだ。いろいろな所にその舗装の跡が遺っている。彼はみずから数基の神殿を寄進した。その一つがウェヌス・フェリックス神殿であり、他がヘラクレス・クストス神殿である。しかし、牛市場《フォルム・ボアリウム》にある長方形の神殿、すなわちポルトゥヌス神殿（フォルトゥナ・ウィリリス神殿と呼ばれている）は、スッラの時代よりあとに建設されたもので、ヘレニズムの影響が認められる。他方、ラルゴ・アルジェンティーナ広場にあるいくつかの神殿（共和政時代の諸神殿）はスッラの時代よりまえのものであり、エトルリアや古イタリアの様式に基づいている。紀元前八三年、カピトリウム神殿が火災に遭ったので、独裁者スッラは再建を開始した。コリントス式の柱頭が普及したのは、おそらくスッラのせいであろう。彼がアテナイからアンティオコス四世エピファネスが建てたゼウス・オリュンピエイオン神殿から素晴らしい見本を何本かもち帰ったからである。一般的にいって、凝灰岩に代えて大理石が使われるようになったのは、この時代からであり、乱積構造《オプス・インケルトウム》よりも手の凝った網目構造《オプス・レティクラトウム》が出現する。以前より半円ヴォールト〔半円形のアーチ型天井〕が多く使われる（公文書館はその一例）。すでにエトルリア人がこの技術を知っていて、ローマ市に導入していたとしても、ペルガモンの建築がその成功を促進したと思われる。

ローマ以外でも、スッラはエトルリア地方（フィエゾーレの劇場）、ローマ近郊（ティヴォリ、パレストリーナ、テッラチーナ、コーラ）、カンパニア地方（ポンペイ）において、同じように多くの造営事業を行なった。ヘレニズム時代の建築に関する知識から生まれた雄大な概念が具体化されたのは、ラティウム地方においてである。規模が巨大なこと、高台《テラス》が積み重ねられていること、ヴォールトの扶壁《パラペット》で土留めされていること、段状に高く構築されていること、これらすべてはペルガモン流の壮大な都市計画の影響を示している。ティヴォリにあるヘラクレス神殿は、隠しアーチで補強された堅固な基礎のうえに建造されており、その三方には三層の列柱廊が巡らされている。しかしながら、最も美しい建造物群は、プラエネステにあるフォルトゥナ・プリミゲニア女神（「ユピテルの最初の子」の意）に捧げられた一群の聖所――これを凌駕するのは、ジャンルは異なるが、トラヤヌスのフォルムと市場のみ――である。丘を背に構築された巨大な建造物群である。四層からなる聖所には、列柱廊がめぐらされた庭、彫像を安置する壁龕やヴォールトのアプスがある複数の礼拝所があり、中央には半円形のエクセドラが設けられている。この建造物全体は、ヘレニズム時代の都市の碁盤目状プランに基づき再建されたプラエネステ市の北側に聳えている。こんにちこの建造物のなかに設けられた博物館に展示されているモザイク《ナイル川の風景》は、この川の典型的な風景——川の支流、艀《はしけ》、豪華なテントで覆われた小規模な列柱、異国の動物、樹木や葉叢——を表現している。

同様に、テッラチーナにあるユピテル・アンクスル神殿は、一二のアーチ型構造物とヴォールトで構築された地下回廊で造られた基壇の上に、ペルガモンのアテナ神殿のように基壇の軸線とは斜めの軸線に沿って建てられている。険しい丘の側面に、画一的でない扶壁《パラペット》によって造られた水平の基礎の上に建造されており、これらの神殿は、ローマ風のある種の重厚さとともに、ペルガモンのアクロポリスにある段状の高台《テラス》を想起させる。

スッラはポンペイの造営にも関与していた。彼はここに退役兵の植民市を設けた。ポンペイはオスク人とサムニウム人がつくった古い都市であり、サルノ産の石材で造られた古イタリア式の構造の建物が建っていたが、大幅に変更が加えられる。紀元前一四六〜七九年の「凝灰岩の時代」には、列柱廊のある三階建ての家やフォルムの記念建造物地区が造られた。ユピテル神殿はスッラと同時代のものであり、エトルリア＝古イタリア式の基壇があり、円柱はコリントス式である。フォルムは列柱廊で囲まれており、フォルムを飾る重要な建造物はバシリカで、そもそもスッラが植民を行なうまえに建てられていた。その壁面にはスタッコが塗られ、大理石をはめ込んだように見える。この技法はペルガモンのアテナ神殿の高台《テラス》にある列柱廊でも使われており、やがて家屋の装飾としても使われる。この独裁官の甥P・スッラは、車道に溶岩のブロックで敷石を張って、歩道を設け、「スタビア浴場」も修復した。彼は劇場を拡張し、新たに音楽堂《オデオン》を併設する。ポンペイの第二様式はこの時代のものである。すなわち、大理石に見せかけたスタッコの壁面に代わって、幾何学的な壁面パネルまたは格間に描かれた「建築様式」が幅をきかせる。この様式では、騙し絵によって付け柱《ピラスター》、円柱、アーキトレーブ〔円柱に架けわたした梁〕を描き、それらに挟まれた空間に自然主義的な絵が描かれ、外部（田園、庭園、都市の通り）に向かって大きな開口部が開いているかのような印象を与える。最近ローマのパラティヌス丘で発掘された共和政時代の家も同じ様式に基づいている。さらに、大理石の寄木細工のような舗床を導入したのも、スッラかもしれない。当時ポンペイの「ファウヌスの家」の床に嵌めこまれたドラマチックなモザイク《アレクサンドロスのダリウスに対する戦い》（アルベラの戦い）によって「ヘレニズム時代のモザイク」がイタリアに導入された（J・カルコピーノ）。ポンペイの家屋は古イタリアの伝統（トスカーナ式アトリウム）とヘレニズムの要素（ペリステュリウム）を結合したものであり、技術的にはデロスの家屋に基づいている。これは、デロス島にイタリア人が住んでいて、その取引先が、当時、ポンペイ近くのプテオリであったからである。

（1）ドイツの考古学者アウグスト・マウがポンペイの壁面壁画を分類した四様式の一つで、前八〇年ころからアウグストゥス時代までの様式。

そもそも、ヘレニズム文明の西方への浸透を観察するには、イタリアへ行く必要はまったくないだろう。ガリアでは、H・ロランの発掘によってよく知られているグラノン（ラテン名グラヌム、現サン・レミ・ド・プロヴァンス）というマッシリアの入植地において、ヘレニズム時代の小都市の全貌を手軽に観察することができるからだ。現在、紀元前四九年の不幸な包囲〔カエサルのマッシリア占領〕よりまえに構築されていた、紀元前二世紀と一世紀のマッシリアの市壁が発見されている。たまたまアルピーユ山の激流に

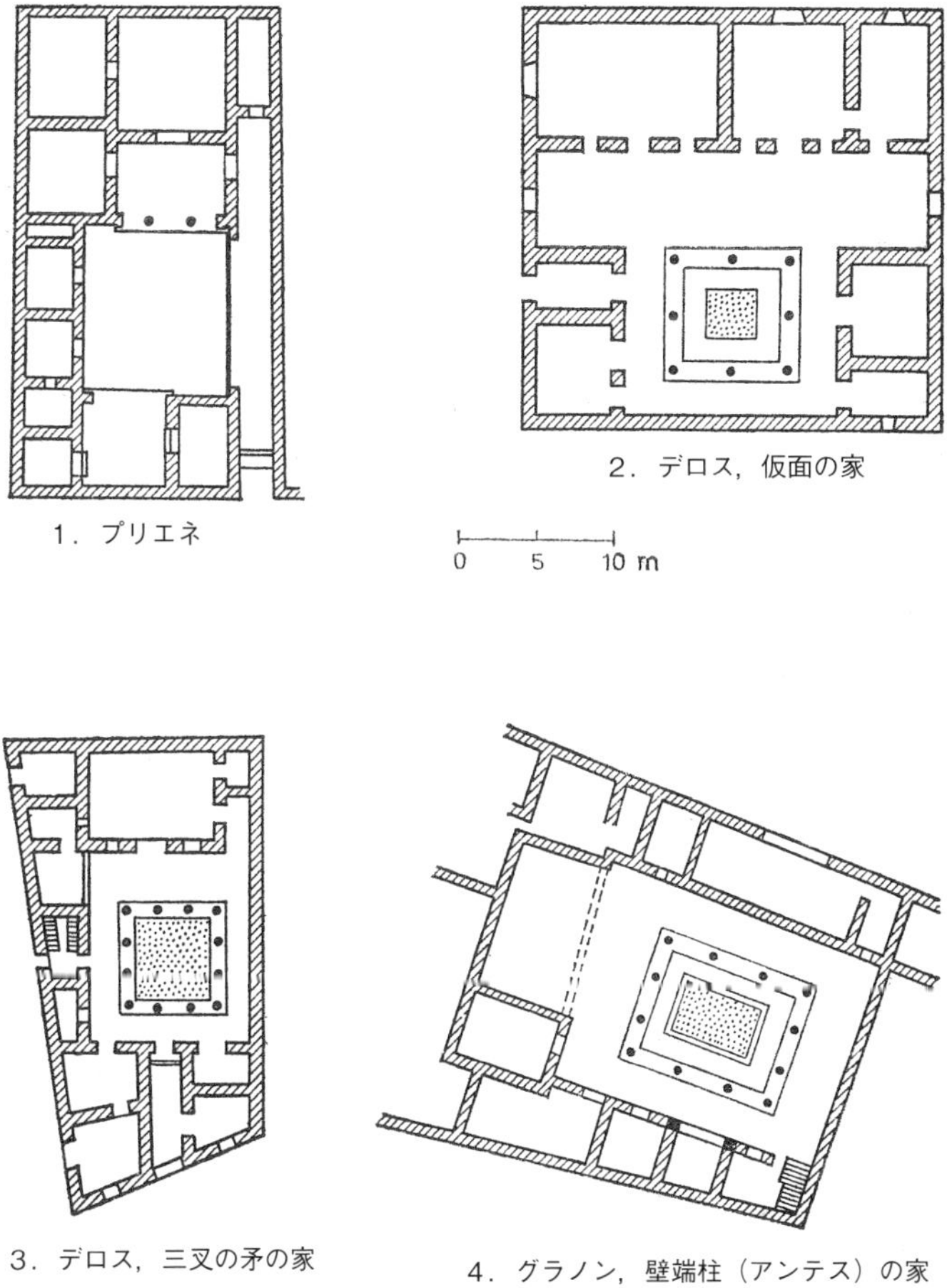

1．プリエネ

2．デロス，仮面の家

3．デロス，三叉の矛の家

4．グラノン，壁端柱（アンテス）の家

図7　家屋のプラン

よって土砂が堆積したため、サン・レミ・ド・プロヴァンスに過去の痕跡が保存されたのである。

この都市は病を治す泉に捧げられたケルト人の聖所の近くに造られた。石組み工事から、連続する三つの時期があったことがわかっている。グラヌム第一期（紀元前二世紀）は、モルタルを使わないで大型切石を積み重ねたヘレニズム時代の美しい組石法。グラヌム第二期（紀元前一〇〇年～四九年）は、不規則な石材を使用した壁。グラヌム第三期（ローマ時代）は、平行六面体の石材を使い、すぐれたモルタルで接合した規則正しい基礎。本書と関係があるのは最初の二つの時期だけである。

神殿の三角破風《ペジメント》を除くと、公共記念建造物の重要な遺構は遺っていない。しかし、いくつかの家屋では、すぐにデロスの影響を認めることができる。とくに「壁端柱《アンテス》の家」では、中央の庭は柱廊に囲まれ、深い雨水槽があって、デロスの「三叉の矛の家」（プランは図7参照）と同じように、モザイクが張られていたのだろう。手直しされて、もとのドーリア式の円柱が時代の好みに適合したイオニア式の円柱に置きかえられた。壁には派手な色彩の塗料が塗られており、ポンペイの第二様式が認められる。この家屋は三方が柱廊で囲まれた庭がある市場を背にしていた。「共同浴場通り」の向こう側には、グラヌム第一期と第二期の他の家屋がモザイクを遺しており、その一つには、地中海から想を得た人魚と魚網が表現されている。

この遺跡では、ヘレニズム時代の作品がいくつか発見された。あるものは地元の工房の作品であって、オリエント風のテーマが稚拙に扱われている。寝転んだアッティスを刻出した浅浮彫り《レリーフ》は、キュベレの祭祀が遠方まで普及していたことを証明している。「アッティスの家」と呼ばれる家屋で、ためらったような表現形式で刻出された一群のヘルメス像がこの都市の運命の女神《テユケ》とともに発見されている。そのほかの作品はコレのような純然たるギリシアの作風のものであり、アレクサンドレイアの作風のものもある。寝入った黒人のブロンズ像には、プトレマイオス朝の彫刻家の戯画化した写実主義が認められる。楯をもつエロスが描かれた美しい青銅板もある。一方でCh・ピカールは、とくに、取っ手の下部にプトレマイオス朝の女王の肖像が描かれた、金で鍍金《メッキ》されたブロンズのワイン注ぎ《オイノコオス》——おそらくエジプトから輸入された作品——について詳説している。同じ場所から出土した他のプロヴァンス製の出土品によって、アレクサンドレイアの彫金の作品が普及していたことが明らかになっている。

このように、アレクサンドロスの死後、カルタゴ、ポンペイ、ローマ、ガリアなど西方のいたるところへ、東方で生まれた文明が浸透した。リビア＝カルタゴ、エトルリア＝カンパニア、さらにケルト＝リグリアという地元の影響があるにもかかわらず、どこでも主なモチーフを認めることができる。少なくともラティウム地方においては、ペルガモンが重要な役割を演じたと思われる公共建造物であろうと、プランや装飾がカンパニア地方を経由してデロスの家屋からもたらされた私人の家屋であろうと、建築は同じような形式を採用する。彫刻の流派はローマやポンペイにおいて自分たちの原型、主としてロドスや新アッティカの原型を広めるが、小物の工芸品はどちらかというとアレクサンドレイア様式にのっとっていた。

結論

急いで述べたため、多くの微妙な点を表現できなかったが、これまで述べてきたことによって、最近発表された多くの実り多き研究に基づいて、最終的にこれまでのいくつかの見解を改めなければならないことを示せたと思う。

ヘレニズム文明にはまったく退廃らしきところはないし、もはやこの文明をギリシア古典主義と荘厳なローマ帝国の狭間にある、混乱した、厄介な過渡期として扱うことはできない。この文明は古代のバロックのようなものであって、ますます見識豊かな人びとの賞賛を受けるであろう。事実、一つの時代を、芸術や文学では先行する時代に依拠し、政治・経済では後続の時代に依拠して糾弾するのは、つねに危険である。どの文明も一つの総体をなしているから、それそのものについて研究しなければならない。筆者が提起した多くの新説と、それらの説の将来性を検討することによって、先入観をもちでない方は、末長く地中海の境界を越えて拡大した世界が提起している複雑な問題と闘ったヘレニズムのヴァイタリティーに驚かれることであろう。

訳者あとがき

本書は、Paul Petit et André Laronde, *La civilisation hellénistique*（Coll.« Que sais-je ? » n°1028, 7e édition corrigée, PUF, Paris, 1996）の全訳である。

世界史の教科書では、古典期ギリシアの説明が終わると、アレクサンドロス大王の東征ではじまるヘレニズム時代が簡潔に紹介されたあと、舞台は直ちにイタリア半島へ移り、ローマの興隆と繁栄が縷々《るる》説明される。ヘレニズム時代（前三二三〜三〇年）は、著者の言によると、「ギリシア古典主義と荘厳なローマ帝国の狭間にある、混乱した、厄介な過渡期」と考えられており、それゆえ、古典期ギリシアの亜流で、衰退し、劣った時代であるかのように扱われている。残念なことに、このような見方は、われわれの脳裡にすっかり刻み込まれているのである。

これに反して著者は、早くから、ヘレニズム時代が古典期ギリシアの遺産を継受・改良して独創的な文明を築きあげ、地中海世界はもとより、その枠外へも伝播させたとし、この時代を積極的に評価すべきだと主張してきた。そして、この文明は一つの総体であるから、古典期ギリシアの文明やローマ文明との関連で論ずるのではなく、別個の、独自の文明として研究する必要があるとし、ヘレニズム文明に対する見方の変更を迫っている。本書を翻訳したのは、フランスで四・八万部を売りあげたこの名著を読んでいただくことによって、あらためてヘレニズム文明を考えなおしていただく縁《よすが》になればと思ったからである。

さらに、著者がローマ史の専門家であるため、本書では、ヘレニズム文明が政治・経済・宗教・思想・芸術などの面でローマに与えた影響についても詳しく論じられており、大胆な自説も披露されている。したがって、ローマ史に興味をおもちの方にとっても、本書は示唆するところが少なくないと思われる。

著者ポール・プティ（一九一四～一九八一年）は、長いあいだグルノーブル大学で教鞭をとられたローマ史の重鎮であった。ローマ帝政末期の政治家・修辞学者リバニウスの研究を専門とされ、リバニウスのテクストの校訂・注釈本のほか、『リバニウスと四世紀アンティオキアの市民生活』、『リバニウスの作品に登場する役人』などの専門書を上梓されている。円熟期以降の著作には、『古代史専攻学生のための手引き』、『古代史概論』、『ローマの平和』、『ローマ帝国概説』など大学生向けの概説書や手引書が多い。

補訂を担当されたアンドレ・ラロンド（一九四〇年生まれ）は、現在、パリ第四大学（ソルボンヌ）教授で、リビアのギリシア＝ローマ遺跡研究に関するフランスの第一人者である。著書には、『キュレネとヘレニズム時代のリビア』、『絵葉書を通じてのリビア』などがあり、上記の『古代史概論』と『ローマ帝国概説』は、プティとの共著である。

本書は、まずこの時代の国制「個人的君主政《モナルシー・ペルソネル》」を概観したあと、ヘレニズム時代の経済の拡大とプトレマイオス朝に典型的に見られる統制経済、ならびに都市を中心に営まれた社会生活を解説する。次に、典型的なヘレニズム文明を生んだ都市アレクサンドレイア、アンティオケイア、ペルガモンなどが具体的に説明される。第三章では、公民の宗教から個人救済の宗教への移行について、ゼウスを一方とし、アスクレピオス、ディオニュソス、セラピス、イシスを他方として、簡潔だが、きわめて密度の濃い説明がなされる。次の章では、ヘレニズム時代においてもギリシア的な価値を保持しつづけたロドス、デロス、アテナイについて、その歴史と文化がわかりやすく説明される。そして最終章で、ヘレニズム文明が政治・宗教・思想・文化などの面で西方世界、最終的にはローマに与えた影響が総括される。

本書の半分近くは、ヘレニズム時代の主要な都市を切り口として解説されている。このような叙述方法を採ることによって、ややもすれば抽象的、概念的になりがちなこの時代の解説を具象的かつヴィヴィッドなものにすることに成功していると思う。

ところで、十九世紀にドロイゼンからはじまったヘレニズム史の研究は、近年、視点の転換を迫られており、「民族混淆の否定、ギリシア文化浸透の限定的解釈、東方各地域の繁栄の持続、ペルシア帝国の力量の再評価、アケメネス朝の支配からアレクサンドロス・ヘレニズムへの連続性の強調」(伊藤貞夫ほか『西洋古代史研究入門』、東京大学出版会、一九九七年)といった諸点が前面的に出てきているとのことである。本書でヘレニズム史に接するに当たり、このような動向があることを頭の片隅に留めておいていただきたい。

本書の翻訳・訳注の原稿のチェックについては、古代ローマ史を専門とされ、日本学術振興会特別研究員の高橋亮介氏にお願いした。同氏には、海外での研究でご多忙にもかかわらず拙稿を精査していただいたうえ、数々の貴重な提案や助言を賜った。この紙面を借りて厚く御礼申しあげたい。もちろん、翻訳に誤りがあれば、それはすべて私の責任であることは申すまでもない。また、本書の上梓に当たっては、図版・年表・君主リスト・索引の追加を含め、いつものことではあるが、白水社編集部の中川すみ氏にひとかたならぬご苦労をおかけした。厚く御礼申しあげる。

去る五月、訳文の妥当性の検証もかねて、ギリシア・トルコ・イタリアへ気ままな一人旅に出かけた。旅先の宿で、母千鶴が百五歳にて天寿を全うしたとの知らせを受けたが、いかんせん葬儀に参列することはできなかった。慈しんでくれた母にこの冊子を捧げ、このような親不孝を詫びるとともに、あらためて冥福を祈りたい。

二〇〇八年六月　所沢にて

北野　徹

年表

・この年表は、本文をもとに、先学の著作も参考にして、訳者が作成した。

ギリシア・マケドニア

前三三八年	カイロネイアの戦い（アテナイ敗退）
前三三七年	ヘラス同盟締結（マケドニアが覇権を確立）
前三三六年	アレクサンドロス即位
前三三四年	アレクサンドロス、東征開始
前三二四年	スサの布告（アレクサンドロス、君主礼拝を命ず）
前三二一年	トリパラディソスの分割
前三一五年頃	島嶼同盟成立（デロスの独立）
前三〇七年	アテナイ、アンティゴノス一世父子に君主礼拝開始

アジア

前四〇八年	ロドス、集住によって統一
前三三三年	イッソスの戦い
前三三一年	アルベラの戦い
前三三〇年	ダリウス王死亡（ペルシア帝国滅亡）
前三二三年	アレクサンドロス、バビロンで逝去
前三〇五年	デメトリオス・ポリオルケテス、ロドス攻撃（〜三〇四年）

エジプト

前三〇五／四年	プトレマイオス一世、王を僭称

前三〇六年　アンティゴノス一世、王を僭称
前三〇五年　カッサンドロス、王を僭称
前二九七年　カッサンドロス死亡
前二九四年　デメトリオス・ポリオルケテス、アテネ征服
前二八一年　アカイア連邦の再編
前二八〇年　ピュッロスのイタリア遠征（〜二七五年）
前二七九年　ガラティア人、マケドニア・ギリシアへ侵入
前二七六年頃　アンティゴノス二世ゴナタス、王となる
前二六七年　クレモニデス戦争（アンティゴノス二世、アテナイを占領）（〜二六一年）
前二四六年　アラトス、シキュオンを解放
前二四四年　アギス四世、スパルタで即位
前二四三年　アラトス、コリントスの城塞を掌握

前三〇五／四年　セレウコス一世、王を僭称
前三〇一年　イプソスの戦い（アンティゴノス一世敗死）
前二八一年　アンティオコス一世即位
前二七八年　ガラティア人、小アジア侵入
前二七四年　第一次シリア戦争（コイレ・シリアを失う）（〜二七一年）
前二六三年　エウメネス一世、フィレタイロスを継ぐ
前二六〇年　第二次シリア戦争（コイレ・シリアを回復）（〜二五三年？）
前二四六年　第三次シリア戦争（コイレ・シリアを失う）（〜二四一年）

前三〇一年　エジプト、コイレ・シリアを占領
前二八五年　プトレマイオス二世の統治（プトレマイオス朝の最盛期）（〜二四六年）
前二八〇年頃　学術研究所・図書館を建設
前二六二年　アポッロニオス、財務大臣就任
前二五八年頃　プトレマイオス二世、コスの海戦で撃破される

前二四一年　アギス四世死亡
前二三五年　クレオメネス三世、スパルタで即位
前二二九年　マケドニア軍、アテナイから撤退
前二二七年　スパルタでクレオメネス革命
前二二四年　アンティゴノス三世、アラトスとヘラス同盟結成
前二二二年　アンティゴノス三世とアカイア連邦、セッラシアでクレオメネスを撃破
前二二〇年　ヘラス同盟とアイトリア連邦が戦う（～二一七年）
前二一五年　フィリッポス五世とハンニバルが同盟
第一次マケドニア戦争（～二〇五年）
前二〇〇年　第二次マケドニア戦争（～一九七年）
前一九七年　キュノスケファライの戦い（フィリッポス五世敗北、ギリシアから撤退）

前二四一年　アッタロス一世即位
前二二七年　ロドスの大地震
前二二〇年　ロドス、ビュザンティオンと戦う
前二一九年　第四次シリア戦争（～二一七年）
前二一七年　ラフィアの戦いでアンティオコス三世、エジプトに敗北
前二〇二年　第五次シリア戦争（～一九五年）
前一九八年　アンティオコス三世、コイレ・シリアを併合

前二〇七年　上エジプトで内乱頻発（～一八六年）
前二〇三年　プトレマイオス四世側近のリンチ事件

前一九六年	フラミニウス、ギリシアの自由を宣言
前一九四年	ローマ、ギリシアから撤退
前一八九年	フルウィウス・ノビリオル、アイトリア連邦を破る
前一七九年	ペルセウス、フィリッポス五世を継ぐ
前一七一年	第三次マケドニア戦争（～一六八年）
前一六八年	ピュドナの戦い（アンティゴノス朝ローマに敗北）
前一六七年	ポリュビオス、人質としてローマへ赴く

前一九五年	ハンニバル、アンティオコス三世のもとへ亡命
前一九二年	アンティオコス三世、ローマと戦争（～一八八年）
前一八八年	ローマとアパメイアの和約締結
前一六九年	第六次シリア戦争（～一六八年）。ロドスの使節、ローマ元老院を訪問
前一六八年	ポピリウス・ラエナス、アンティオコス四世にエジプト・キプロス撤退を命令
前一六七年	デロス港の自由化
前一六六年	マッカベアの反乱（～一六三年）
前一六〇年	アッタロス二世即位
前一五〇年	アレクサンドロス・バラス、

前一九五年	エジプト、アンティオコス三世のコイレ・シリア領有を承認
前一六八年	エジプト、コイレ・シリアを回復
前一六四年	プトレマイオス八世、プトレマイオス六世を追放
前一六三年	ローマ、エジプトの分割を命令（プトレマイオス六世にエジプトとキプロス、同八世にキュレナイカ）

前一四六年　アカイア戦争（コリントスの破壊）。マケドニア、ローマの属州となる

前八六年　スッラ、アテナイを略奪

シリア王に即位（～一四五年）

前一四二年　パルティア、バビロニア占拠

前一三三年　アッタロス三世死亡、ペルガモンをローマへ遺贈。アリストニコスの反乱（～一三〇年）

前一二九年　ローマ、属州アシアを設置

前一二三年　ローマ、アシア属州で徴税を徴税請負人に委託

前八八年　第一次ミトリダテス戦争勃発（ローマ商人の虐殺）（～八四年）

前六四年　シリア王国、ローマの属州となる。

前一四五年　プトレマイオス八世、再統一されたエジプトを統治

前一三九年、スキピオ・アエミリアヌスのアレクサンドレイア訪問

前一三二年　プトレマイオス八世、エジプト退去

前一二七年　プトレマイオス八世、エジプトで復権

前一一八年　プトレマイオス八世の大赦令

前九六年　プトレマイオス・アピオン、キュレナイカをローマに遺贈

前五八年　ローマ、キプロスを属州化

前三〇年　アントニウスとクレオパトラ自害

索　引

「人名（書名）・神名」「地名・国名・種族名」
「哲学・宗教」「官職名」「建築・建造物」
「彫刻・絵画の作品」「その他の事項」で分類
ただし、都市の遺跡に関する固有名詞は省略

●人名（書名）・神名

●地名・国名・種族名

●哲学・宗教

●官職名

●建築・建造物

●彫刻・絵画の作品

87, 110
コロッソス　109
サモトラケの勝利の女神　110
ディルケの群像（ファルネーゼの牡牛）　110
ナイル川の風景　54, 61, 152
瀕死のガリア人　84
ベグラムの盃　59
ラオコーン群像　110

●その他の事項

アラム語　27, 70
イソポリテイア　43
王冠（ディアデマ）　13, 138, 139, 148
王領地（ゲ・バシリケ）　13, 23 - 25, 36, 68, 69, 79, 88
王領地農民（ラオイ）　22, 23, 25, 35, 68, 79
海商法　21, 107
キストフォロス銀貨　78, 79
基軸通貨　31, 79
教育（パイデア）　110, 146
強制耕作（エピボレ）　37
銀行　21, 32, 33, 36, 45, 108, 114
君主礼拝　8, 15, 16, 52, 74, 76
県（ノモス）　36, 99
顕現（エピファネイア）　87
幸運（フェリクス，エパフロディトス）　148
後継者たち（ディアドコイ）　13, 127
公務（バシリカ・プラグマタ，レス・プブリカ）　12
小作料（エクフォリオン）　23
個人的君主政（モナルシー・ペルソネル）　12 - 14, 137
在留外人（メトイコイ）　18, 44, 51, 66, 120, 124
•～共同体（ポリテウマタ）　51, 67, 76
サモス陶器　81
集住（シュノエキスモス）　66, 104
収税法　35, 44
十分の一税　135, 138
商人（ネゴティアトル）　27, 109, 138
商人貴族政　12
植民市　66, 153
•アウグストゥスの～（コロニアエ・アウグスタエ）　140
•カエサルの～（コロニアエ・ユリアエ）140
シリア戦争　30
指令（プロスタグマ）　13
神殿国家　19, 23, 68, 79
人道的措置（フィラントロパ）　37
聖域逃避（アシュリア）　18, 42
政治クラブ（コッレギア）　145
善行（エウエルゲシア）17
善行者（エウエルゲテス）15
壮丁（エフェボイ）　122
•～教育（エフェベイア）　86, 122
贈与地（ゲ・エン・ドレア）　24, 25
租税（フォロス）　68
体育場出身者クラブ（アポ・トゥ・ギュムナシウ）　76, 122
逃散（アナコレシス）　36
大赦令　37, 44
卓越性（アレテ，ウィルトゥス）　15, 134
ダルダノス条約　147
徴税請負人　30, 33, 113, 114, 135, 138
ディテュランボス　97
テッラ・シギラタ　81
島嶼同盟（ネシオテス同盟）　103
土豪（デュナスタイ）　12, 19, 63, 104
奴隷（ヘイロタイ）　40
トロイア伝説　144
農村（コラ）　42, 45, 99
入市税　68
入植者（クレルコイ，カトイコイ）　24, 36, 112, 114

入植地（クレルキアイ，カトイキアイ）　19, 66, 80, 120, 139
ヒエロン法（レクス・ヒエロニカ）　135
人の住む世界（オイクメネ）　8, 10
評議会（ブレ）　17, 51, 72, 76
広間（オイコス）　118
布告（ディアグランマ）　13
プロクセノス　43
ヘッレネス　51, 52
報復免除（アシュリア）　17, 18, 43, 67
法律（ノモス）　13
ポンペイの第二様式　153, 156
マッカベア戦争　20
ミモス劇　60, 88
民会　17
明細表（ディアグラフェ）　35
名称変更（メトノマシア）　69
メガラ陶器　26, 81
槍の権利（ドリクテトス・コラ）　13, 23
傭兵　19, 39, 43, 80, 135, 139
良き政府　15
良き秩序（エウノミア）　111
臨在（パルシア）　87
霊魂（プシケ）　142
ロドス法　108
割当地（クレロイ）　66, 67, 69, 74

参考文献

（原著による）

全般および第１章

P. Lévêque, *L'aventure grecque*, Paris, nombre. rééd. Cl. Préaux, *Le monde hellénistique*, coll. « Nouovelle Clio », 2 vol., 2e éd., Paris, 1988. Cl. Mossé, P. Goukowsky, Ed. Will, *Le monde grec et l'Orient*, t. II : *Le IVe siècle et l'époque hellénistique*, coll. « Peuoles et Civilisations », Paris, 1975. Ed. Will, *Histoire politique du monde hellénistique* : I. *De la mort d'Alexandre aux avènements d'Antiochos III et de Philippe V* ; II. *Des avènements d'Antiochos III et de Philippe V à la fin des Lagides*, Nancy, 1979 (2e éd. revue). P. Cabanes, *Le monde hellénistique de la mort d'Alexandre à la paix d'Apamée*, Paris, 1995. Cl. Vial, *Les Grecs de la paix d'Apamée à la bataille d'Actium*, Paris, 1995. V. Ehrenberg, *L'Etat grec*, tr. fr., Paris, 1976. M. Launey, *Recherches sur les armées hellénistiques*, Paris, 1949-1987, 2 vol. E. Bikerman, *Institutions des Séleucides*, Paris, 1939. E. V. Hansen, *The Attalids of Pergamon*, Ithaca, 1947. E. Bevan, *Histoire des Lagides*, Paris, 1934. M. Rostovtzeff, *Histoire politique et sociale du monde hellénistique*, trad. fr., Paris, 1989. Cl. Préaux, *L'économie royale des Lagides*, Bruxelles, 1939. J. Desanges, *Recherches sur L'activité des Méditerranéens aux confins de l'Afrique*, Rome, coll. « Ec. franc. », 1976. E. R. Goodenough, *The Political Philosophy of the Hellenistic Kingship*, Oxford, 1928. L. Delorme, *Le monde hellénistique (323-133 av. J.-C.). Evénements et institutions*, Paris, 1975. (recueil de texes).

第２章

W. Tarn, *La civilisation hellénistique*, Paris, 1936. ID. , *Hellenistic Civilization*, nouv. éd. angl. par E. Griffiths, London, 1952. A. Aymard - J. Auboyer, *L'Orient et la Grèce antique*, Paris, 1953. P. Jouguet, *L'impérialisme macédonien et l'hellénisation de l'Orient*, Paris, 1961, nouv. éd.〔W・W・ターン『ヘレニズム文明』（角田有智子ほか訳），思索社，1987年〕A. Bonnard, *Civilisation grecque*, Lausanne, 1959. t. III.〔A・ボナール『ギリシア文明史 Ⅲ』（岡道男ほか訳），人文書院，1975年〕P. M. Fraser, *Ptolemaic Alexandria*, Oxford, 1972. A. Bernand et J.-Cl. Golvin (éd.), *Alexandrie lumière du monde antique*, Les Dossiers d'Archéologie, 201, 1995. Cl. Orrieux, *Zénon de Caunos*, Paris, 1985. E. Rohde, *Pergamon, Burgberg und Altar, Berlin*, 1961. Gl. Downey, *An History of Antioch in Syria*, Princeton, 1960. R. Martin, *L'urbanisme dans la Grèce antique*, 2e éd., Paris, 1976. R. Taton (dir.), *Histoire générale des sciences* : I. *La science antique et médiévale*, Paris, 1966. 2e ed. J. J. Pollitt, *Art in hellenistic Age*, Cambridge, 1987. R. Martin, *L'Art grec*, Paris, 1994. J. Charbonneaux,. R. Martin, F. Villard, *Grèce*

hellénistique, Paris, 1970, coll.« Univers des formes ». F. Chamoux, *La civilisation hellénistique*, coll. « Les Grandes Civilisations », Paris, 1981.

第3章

M. Gorge-R. Mortier, *Histoire générale des religions* : II. *La religion de la Grèce* (A.-J. Festugière), Paris, 1944. A.-J. Festugière, *La vie spirituelle en Grèce à l'époque hellénistique*, Paris, 1977. M. Jost, Aspects de la vie religieuse en Grece, Paris, 1992. M. P. Nilson, *Geschichte der griechischen Religion* : II. *Die hellenistische und römische Zeit*, Munich, 1961, 2e éd. H. Jeanmaire, *Dionysos*, Paris, 1951. 〔H・ジャンメール『ディオニュソス　バッコス崇拝の歴史』(小林真紀子ほか訳), 言叢社, 1991年〕H.-I. Marrou, *Histoire de l'éducation dans l'Antiquité*, Paris, 1965, nouv. éd. J. Delorme, *Gymnasion, étude sur les monuments consacrés à l'éducaion en Grèce*, Paris, 1960. J. Brun, *Les Stoïciens*, Paris, 1957, « Textes choisis ». E. Brehier, *Histoire de la philosophie*, Paris, 1927, I.

第4章

R. Matton, *Rhodes*, Paris, 1949. R. Berthold, *Rhodes in the Hellenistic Age*, Itaca et London, 1984. Cl. Vial, Délos indépendante, *BCH*, Supp. 10, 1984. P. Roussel, *Délos colonie athénienne*, nouv. éd., Paris, 1987. Ph. Bruneau, *Recherches sur les cultes hellénistiques à Délos*, Paris, 1970. ID., *Les mosaïques de Délos*, Paris, 1973. Ph. Bruneau et J. Ducat, *Guide de Délos*, Paris, 1966. Ph. Gauthier, Les cités grecques et leurs bienfaiteurs, *BCH*, Suppl. 6, 1985.

第5章

M. Finley, *La Sicile antique*, Paris, 1986. D. Schlumberger, *L'Orient hellénisé*, Paris, 1970. A. Kuhrt et S. Sherwin-White, *Hellenisme in the East*, 1987. P. Bernard, éd., *Fouilles d'Aï-Khanoum*, nombr. vol., Paris, MDAFA, 1973 et suiv. J.-L. Ferrary, Philhellénisme et impérialisme, Paris, 1988. P. Grimal, *Le siècle des Scipions*, Paris, 1953. S. Maiuri, *La peinture romaine*, Genève, 1953,. M. Borda, *La pittura romana*, Milan, 1958. G. Picard, *Les religionos de l'Afrique antique*, Paris, 1954. H. Rolland, *Glanum, Saint-Rémy de Provence*, Paris, 1960. *Marseille antique*, Les Dossiers d'Archéologie, 154, 1990.

参考文献
（訳者による）

Ⅰ　歴史

池津哲範「古代ギリシアのasylia (ἀσυλία) の実像と『聖域逃避』」『史学雑誌』114-11, 2005年.

井上一「セレウコス王朝」『岩波講座 世界歴史2 古代2』，岩波書店，1969年.

岩田拓郎「ヘラス——アテナイの場合を中心として——」『岩波講座 世界歴史2 古代2』，岩波書店，1969年.

F・W・ウォールバンク『ヘレニズム世界』（小河陽訳），教文館，1988年.

ヘルムート・ケスター『新しい新約聖書概説——ヘレニズム時代の歴史・文化・宗教』（井上大樹訳），新地書房，1989年.

クリスティアン=ジョルジュ・シュエンツェル『クレオパトラ』（北野徹訳），白水社文庫クセジュ，2007年.

周藤芳幸『古代ギリシア 地中海への展開』，京都大学学術出版会，2006年.

柘植一雄「プトレマイオス王朝」『岩波講座 世界歴史2 古代2』，岩波書店，1969年.

田村孝「ディオニュソス芸人団体と第1次ミトリダテス戦争—アテナイを中心に—」『史観』110，1984年.

田村孝「ディオニュソス芸人組合と第1次ミトリダテス戦争—再考」『歴史科学と教育』22，2003年.

秀村欣二／伊藤貞夫『世界の歴史２　ギリシアとヘレニズム』，講談社，1976年.

長谷川岳男「アカイア連邦の政治組織」『西洋古典学研究』42，1994年.

長谷川岳男「マケドニアとローマ」『歴史評論』543, 1995年.

長谷川岳男「アンティゴノス朝マケドニアのギリシア支配」『古代文化』48-3, 1996年.

長谷川博隆『ハンニバル　地中海世界の覇権をかけて』，清水新書，1984年.

長谷川博隆『カルタゴ人の世界』，筑摩書房，1991年.

クロード・モセ『ギリシアの政治思想』（福島保夫訳），白水社文庫クセジュ，1972年.

森谷公俊「アレクサンドロス大王からヘレニズム諸国へ」『岩波講座 世界歴史5』，岩波書店，1998年.

Glenn R. Bugh (ed.), *The Cambridge Companion to the Hellemistic World*, Cambridge University Press, 2006.

Claire Preaux, *Le monde hellenistique : le Grece et l'orient (323-146 av.J.C.)*, Nouvelle Clio, P.U.F., 1978.

Ⅱ　宗教・哲学

本村凌二『多神教と一神教——古代地中海の世界の宗教ドラマ』，岩波新書，

2005年.
A・A・ロング『ヘレニズム哲学　ストア派，エピクロス派，懐疑派』（金山弥平訳），京都大学学術出版会，2003年.
和田利博「エピクロスにおけるアトムの逸れと行為の自発性」『西洋古典学研究』43，2005年.

Ⅲ　美術・建造物・遺跡

青柳正規編『ギリシア・クラシックとヘレニズム』（世界美術大全集・西洋編4），小学館，1997年.
NHK「文明の道」プロジェクト『文明の道 ヘレニズムと仏教』，日本放送出版協会，2003年.
ジャン=イヴ・アンプール『甦るアレクサンドリア』（周藤芳幸監訳），河出書房新社，1999年.
E・J・オーウェンズ『古代ギリシア・ローマの都市』（松原国師訳），国文社，1992年.
ピエール・グリマル『ローマの古代都市』（北野徹訳），白水社文庫クセジュ，1995年.
ジャン・シャルボノーほか『ギリシア・ヘレニスティク美術』（岡谷公二訳），新潮社，1975年.
芳賀京子『ロドス島の古代彫刻』，中央公論美術出版，2006年.
Fillipo Coarelli, *Lazio* (Guide Archeologiche Laterza), Roma-Bari, 1993.
Fillipo Coarelli, *Roma* (Guide Archeologiche, Laterza), Roma-Bari, 1995.
Fontini Zaphiropoulou, *Delos - Monuments and Museum*, Athens, 2007.

Ⅳ　文学・古典翻訳書

アテナイオス『食卓の賢人たち２』（柳沼重剛訳），京都大学学術出版会，1998年.
逸身喜一郎『古代ギリシア・ローマの文学＝韻文の系譜＝』，放送大学教育振興会，2000年.
プルタルコス『プルタルコス英雄伝』（河野与一訳），8〜12巻，岩波文庫，1955-56年.
ヘロンダス『擬曲』（高津春繁訳），岩波文庫，1954年.
ポリュビオス『歴史２』（城江良和訳），京都大学学術出版会，2007年.
Des Polybios Geschichte , ubersetzt von K. Kraz, Berlin, Langenscheidt, 1917(?).

Ⅴ　事典

P. Grimal, *Dictionnaire de la mythologie greque et romaine,* 5e ed. Paris, 1976.
Barrington Atlas of the Greek and Roman World, Princeton University Press, 2000.
The Oxford Classical Dictionary, 3 rd ed., Oxford, 1996.

ヘレニズム時代の君主

（注）本書に登場する君主は太字で表示

１ アンティゴノス朝成立以前のマケドニアの統治者

フィリッポス２世	前３６０/５９～３３６年
アレクサンドロス大王	前３３６～３２３年
フィリッポス３世アッリダイオス	前３２３～３１７年
オリュンピアス	前３１７～３１６年
カッサンドロス（前３０５年から王）	前３１６～２９７年
アンティゴノス１世（隻眼の）	前３０６～３０１年
カッサンドロスの３人の子	前２９７～２９４年
デメトリオス１世ポリオルケテス（攻城者）	前２９４～２８８年
リュシマコス	前２８８～２８１年
プトレマイオス・ケラウノス（プトレマイオス１世の子）	前２８１～２７９年

２ アンティゴノス朝

アンティゴノス２世ゴナタス（デメトリオス１世の子）	前２７７（頃）～２３９年
デメトリオス２世	前２３９～２２９年
アンティゴノス３世ドソン	前２２９～２２１年
フィリッポス５世	前２２１～１７９年
ペルセウス	前１７９～１６８年

３ アッタロス朝

フィレタイロス（王ではない）	前２８３～２６３年
エウメネス１世（王ではない、フィレタイロスの甥）	前２６３～２４１年
アッタロス１世ソテル	前２４１～１９７年
エウメネス２世ソテル	前１９７～１５９/８年
アッタロス２世	前１５９/８～１３９/８年
アッタロス３世（王国をローマに遺贈）	前１３９/８～１３３年
アリストニコス（エウメネス３世）	前１３３～１２９年

４ セレウコス朝

セレウコス１世ニカトル	前３０５/４～２８１年
アンティオコス１世ソテル	前２８１～２６１年
アンティオコス２世	前２６１～２４６年
セレウコス２世	前２４６～２２６/５年
セレウコス３世	前２２６/５～２２３年
アンティオコス３世大王	前２２３～１８７年
セレウコス４世	前１８７～１７５年

アンティオコス4世エピファネス	前175～164年
アンティオコス5世	前164～162年
デメトリオス1世	前162～150年
アレクサンドロス・バラス	前150～145年
デメトリオス2世	前145～140年
アンティオコス6世	前145～142/1または139/8
アンティオコス7世	前139/8～129年
デメトリオス2世（復位）	前129～126/5年
クレオパトラ・テア	前126/5～123年
アンティオコス8世	前126/5～96年
セレウコス5世	前126年
アンティオコス9世	前114/13～95年
セレウコス6世	前95年
アンティオコス10世	前95年
デメトリオス3世（ダマスコス）	前95～88年
アンティオコス11世（キリキア地方）	前95年
フィリッポス1世（キリキア地方）	前95～84/3年
アンティオコス12世（ダマスコス）	前87年
フィリッポス2世	前84/3年
アンティオコス13世	前69～63年

5 プトレマイオス朝

プトレマイオス1世ソテル	前305/4～283年
プトレマイオス2世フィラデルフォス	前283～246年
プトレマイオス3世エウエルゲテス	前246～221年
プトレマイオス4世フィロパトル	前221～204年
プトレマイオス5世	前204～180年
プトレマイオス6世フィロメトル	前180～145年
・プトレマイオス8世エウエルゲテス2世（フュスコン）とクレオパトラ2世との共治	前170～164年
・クレオパトラ2世と共治	前163～145年
プトレマイオス7世	前145年
プトレマイオス8世エウエルゲテス2世（復位）	前145～116年
・クレオパトラ3世と共治	前139～116年
プトレマイオス9世とクレオパトラ3世	前116～107年
プトレマイオス・アピオン（キュレナイカをローマに遺贈）	前116～96年
プトレマイオス10世（ラテュロス）	前107～88年
・クレオパトラ3世と共治	前107～101年
・クレオパトラ・ベレニケと共治	前101～88年

プトレマイオス９世（復位）	前８８～８０年
プトレマイオス１１世とクレオパトラ・ベレニケの共治	前８０年
プトレマイオス１２世アウレテス（ネオス・ディオニュソス）	前８０～５８年
ベレニケ４世（当初クレオパトラ６世・トリュファイナと共治）	前５８～５６年
ベレニケ４世とアルケラオス	前５６～５５年
プトレマイオス１２世（復位）	前５５～５１年
クレオパトラ７世フィロパトル	前５１～３０年
・プトレマイオス１４世と共治	前４７～４４年

訳者略歴

北野徹（きたの・とおる）
一九三八年生まれ
一九六二年東京大学法学部卒
一九七〇～七二年フランス留学
TIS㈱取締役、日本ケーブル・アンド・ワイヤレスCSL㈱常務、TIS㈱監査役、㈱TIS東北ソフトウエアエンジニアリング社長を歴任
現在、㈲エクステリア総合研究所社長

主要訳書
P・グリマル『ローマの古代都市』（白水社文庫クセジュ七六七番）
P・グリマル『アウグストゥスの世紀』（白水社文庫クセジュ八七二番）
P・グリマル『古代ローマの日常生活』（白水社文庫クセジュ八八五番）
A・グランダッジ『ローマの起源』（白水社文庫クセジュ九〇二番）
クリスティアン＝ジョルジュ・シュエンツェル『クレオパトラ』（白水社文庫クセジュ九一五番）
D・マクレガー『プロフェッショナル・マネジャー』（共訳、産業能率短期大学出版部）

ヘレニズム文明
地中海都市の歴史と文化

二〇〇八年八月三一日 印刷
二〇〇八年九月二〇日 発行

訳　者 © 北　野　　　徹
発行者　川　村　雅　之
印刷所　株式会社　平河工業社
発行所　株式会社　白　水　社

東京都千代田区神田小川町三の二四
電話　営業部〇三（三二九一）七八一一
　　　編集部〇三（三二九一）七八二一
振替　〇〇一九〇－五－三三二二八
　　　郵便番号一〇一－〇〇五二
http://www.hakusuisha.co.jp
乱丁・落丁本は、送料小社負担にてお取り替えいたします。

製本：平河工業社
ISBN978-4-560-50928-9
Printed in Japan

文庫クセジュ

歴史・地理・民族(俗)学

18 フランス革命
62 ルネサンス
79 ナポレオン
116 英国史
133 十字軍
160 ラテン・アメリカ史
191 ルイ十四世
202 世界の農業地理
297 アフリカの民族と文化
309 パリ・コミューン
338 ロシア革命
351 ヨーロッパ文明史
382 海賊
412 アメリカの黒人
418 〜421 年表世界史
428 宗教戦争
446 東南アジアの地理
454 ローマ共和政
491 アステカ文明
506 ヒトラーとナチズム
530 森林の歴史
536 アッチラとフン族
541 アメリカ合衆国の地理
557 ジンギスカン
566 ムッソリーニとファシズム
568 ブラジル
586 トルコ史
590 中世ヨーロッパの生活
597 ヒマラヤ
602 末期ローマ帝国
604 テンプル騎士団
615 ファシズム
636 メジチ家の世紀
648 マヤ文明
660 朝鮮史
664 新しい地理学
665 イスパノアメリカの征服
684 ガリカニスム
689 言語の地理学
705 対独協力の歴史
709 ドレーフュス事件
713 古代エジプト
719 フランスの民族学
724 バルト三国
731 スペイン史
732 フランス革命史
735 バスク人
743 スペイン内戦
747 ルーマニア史
752 オランダ史
755 朝鮮半島を見る基礎知識
760 ヨーロッパの民族学
766 ジャンヌ・ダルクの実像
767 ローマの古代都市
769 中国の外交
782 カンボジア
790 ベルギー史
791 アイルランド
810 闘牛への招待

文庫クセジュ

812 ポエニ戦争
813 ヴェルサイユの歴史
814 ハンガリー
815 メキシコ史
816 コルシカ島
819 戦時下のアルザス・ロレーヌ
823 レコンキスタの歴史
825 ヴェネツィア史
826 東南アジア史
827 スロヴェニア
828 クロアチア
831 クローヴィス
834 プランタジネット家の人びと
842 コモロ諸島
853 パリの歴史
856 インディヘニスモ
857 アルジェリア近現代史
858 ガンジーの実像
859 アレクサンドロス大王
861 多文化主義とは何か

864 百年戦争
865 ヴァイマル共和国
870 ビザンツ帝国史
871 ナポレオンの生涯
872 アウグストゥスの世紀
876 悪魔の文化史
877 中欧論
879 ジョージ王朝時代のイギリス
882 聖王ルイの世紀
883 皇帝ユスティニアヌス
885 古代ローマの日常生活
889 バビロン
890 チェチェン
896 カタルーニャの歴史と文化
897 お風呂の歴史
898 フランス領ポリネシア
902 ローマの起源
903 石油の歴史
904 カザフスタン
906 フランスの温泉リゾート

911 現代中央アジア
913 フランス中世史年表
915 クレオパトラ
918 ジプシー

文庫クセジュ

哲学・心理学・宗教

文庫クセジュ

768 ニーチェ
773 エピステモロジー
778 フリーメーソン
780 超心理学
789 ロシア・ソヴィエト哲学史
793 フランス宗教史
802 ミシェル・フーコー
807 ドイツ古典哲学
809 カトリック神学入門
835 セネカ
848 マニ教
851 芸術哲学入門
854 子どもの絵の心理学入門
862 ソフィスト列伝
863 オルフェウス教
866 透視術
874 コミュニケーションの美学
880 芸術療法入門
881 聖パウロ
891 科学哲学
892 新約聖書入門
900 サルトル
905 キリスト教シンボル事典
909 カトリシスムとは何か
910 宗教社会学入門
914 子どものコミュニケーション障害

文庫クセジュ

芸術・趣味

64 音楽の形式
88 音楽の歴史
158 世界演劇史
306 スペイン音楽
313 管弦楽
333 バロック芸術
336 フランス歌曲とドイツ歌曲
373 シェイクスピアとエリザベス朝演劇
377 花の歴史
448 和声の歴史
481 バレエの歴史
492 フランス古典劇
554 服飾の歴史—古代・中世篇—
589 イタリア音楽史
591 服飾の歴史—近世・近代篇—
662 愛書趣味
674 フーガ
682 香辛料の世界史
683 テニス
686 ワーグナーと《指環》四部作
699 バレエ入門
700 モーツァルトの宗教音楽
703 オーケストラ
718 ソルフェージュ
728 書物の歴史
734 美学
748 フランス詩の歴史
750 スポーツの歴史
765 絵画の技法
771 建築の歴史
772 コメディ=フランセーズ
785 バロックの精神
801 ワインの文化史
804 フランスのサッカー
805 タンゴへの招待
808 おもちゃの歴史
811 グレゴリオ聖歌
820 フランス古典喜劇
821 美術史入門
836 中世の芸術
849 博物館学への招待
850 中世イタリア絵画
852 二十世紀の建築
860 洞窟探検入門
867 フランスの美術館・博物館
886 イタリア・オペラ
908 チェスへの招待
916 ラグビー
920 印象派
921 ガストロノミ